Die besten ETF-Strategien der Welt

Sinan Krieger

SINAN KRIEGER

DIE BESTEN

STRATEGIEN DER WELT

Wie Sie
das Maximum
aus Indexfonds
herausholen

Börsenbuchverlag

3. Auflage 2023

Gestaltung Cover: Daniela Freitag
Gestaltung, Satz und Herstellung: Timo Boethelt
Vorlektorat: Egbert Neumüller
Korrektorat: Sebastian Politz
Druck: CPI books GmbH, Leck, Germany

ISBN 978-3-86470-907-4

Bibliografische Information der Deutschen Nationalbibliothek:
Die Deutsche Nationalbibliothek verzeichnet diese Publikation in der Deutschen Nationalbibliografie; detaillierte bibliografische Daten sind im Internet über <http://dnb.d-nb.de> abrufbar.

BÖRSEN MEDIEN
AKTIENGESELLSCHAFT

Postfach 1449 • 95305 Kulmbach
Tel: +49 9221 9051-0 • Fax: +49 9221 9051-4444
E-Mail: info@plassen-buchverlage.de
www.boersenbuchverlag.de
www.facebook.com/plassenverlag
www.instagram.com/plassen_buchverlage

INHALT

Einleitung

MSCI World. Wenn es nach einigen Börsianern gehen würde, wäre das Buch bereits jetzt beendet. Ich höre es immer wieder vor allem von jüngeren Anlegern, die erst weit nach der Finanzkrise 2008 mit dem Investieren angefangen haben, dass 99 Prozent der Finanzindustrie ohnehin völlig unnötig seien. Schließlich könne niemand langfristig den Markt schlagen. Die einzige rationale Möglichkeit sei es deshalb, den Markt abzubilden. Und dies so kostengünstig und einfach, wie es eben nur geht: also mit einem ETF auf den MSCI World – der Index, der mehr als 1.600 Unternehmen aus 23 Industrieländern umfasst und damit rund 85 Prozent der globalen Marktkapitalisierung abbildet. Sie kennen die Vorteile: superdiversifiziert, supergünstig – und langfristig auch supererfolgreich. Weshalb habe ich das Buch also trotzdem geschrieben?

Erstens, weil ich zum Start meiner Karriere als junger Finanzjournalist selber einer dieser „radikalen" MSCI-World-Verfechter war. Zweitens, weil ich ETFs als Anlagevehikel grandios finde. Und drittens, weil ich heute, acht Jahre später, in denen ich mich während meiner Arbeitszeit fast ausschließlich mit der ETF-Thematik befasst habe, zur Erkenntnis gekommen bin, dass meine damalige Annahme von jugendlichem Egoismus geprägt war – vielleicht mit einem Teelöffel Überheblichkeit abgerundet. Mein ehemaliger Chefredakteur und Mentor Frank Pöpsel sagte mir einmal: „Wenn Sie über die Geldanlage sprechen, sollten Sie das Leben nicht vergessen."

Was man auch darunter verstehen kann: „Du hast leicht reden mit einem Anlagehorizont von über 30 Jahren, keinen Kindern und keinem Haus, das du abbezahlen musst." Und was soll ich sagen? Er hatte recht. Erst einige Wochen zuvor hatte ich in einer Magazingeschichte noch folgenden Chart gezeigt und argumentiert, man müsse nur lange genug warten, um langfristig erfolgreich zu sein. (In diesem Fall handelte es sich um ein Investment in den DAX.)

Abb. 1 | Zusammenhang zwischen Anlagedauer und Gewinnwahrscheinlichkeit beim DAX

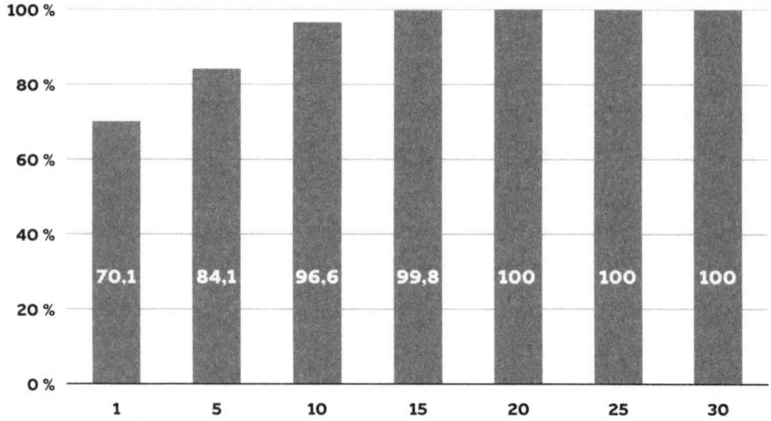

Quelle: Deutsches Aktieninstitut (2016)[1]

Die Crux daran ist jedoch, dass das für mich zwar funktioniert – und das übrigens nicht nur beim DAX. Bei allen großen Indizes wie dem amerikanischen S&P 500 oder dem bereits erwähnten MSCI World zeigt die historische Datenlage deutlich auf, dass man einfach nur lange genug warten muss, bis eine positive Rendite nahezu sicher ist. Das heißt aber noch lange nicht, dass diese Erkenntnis jedem Anleger hilft.

Ein Plan ist nur gut, wenn er durchgezogen wird

Denn was ist, wenn ich keine 20 Jahre Zeit habe, um sicherzugehen, dass mein ETF dann auch wirklich im Plus ist? Stellen Sie sich einen Anleger vor, der nur wenige Jahre vor seiner Rente steht, oder eine junge Anlegerin, die gemeinsam mit ihrem Ehemann plant, in nächster Zeit das Aktienkonto aufzulösen, um davon eine Immobilie zu kaufen. In solchen Fällen bringt die zweifelsohne attraktive Langfristaussicht eines einzigen Welt-ETFs im Depot nichts, wenn das Geld kurzfristig gebraucht wird. Es gibt unzählige Szenarien, in denen Anleger es sich schlicht nicht erlauben können, auf Zeit zu spielen.

Ganz zu schweigen vom vielleicht wichtigsten, aber oftmals unterschätzten Faktor: der Psyche. Denn Verluste können verdammt wehtun. Nicht zuletzt das Horrorjahr 2022 hat wieder einmal eindrucksvoll bewiesen, wie schwer es Anlegern fällt, in Ausnahmesituationen kühlen Kopf zu bewahren und am Plan festzuhalten – selbst wenn dieser vermeintlich lediglich daraus besteht, geduldig zu sein und seinen Sparplan fortzuführen. Denn wie passt es sonst zusammen, dass 2022 nicht nur die Kurse, sondern auch das Kundenwachstum der Neobroker und das Handelsvolumen an der Börse fielen?[2]

„Jeder hat einen Plan, bis er ein paar aufs Maul kriegt", sagte Ex-Boxweltmeister Mike Tyson einst. Jetzt weiß jeder, der die Geschichte von Mike Tyson kennt, dass dieser wohl der Letzte ist, der einem Finanztipps geben sollte. Rund 500 Millionen US-Dollar soll der „baddest man on the planet" in seinem Leben verprasst haben.[3] Unter anderem auch für Tiger, eine Badewanne aus Gold und sehr teure Scheidungen. Doch in diesem Fall spricht Tyson im übertragenen Sinne eine sehr wichtige Sache an. Denn wer meint, er müsse das Thema Geldanlage auf die nackte Rendite reduzieren, muss auch dabeibleiben, wenn es einmal wehtut. Die bereits angeschnittene Faktenlage signalisiert jedoch, dass das die wenigsten können.

Mich hat dieser Satz von Frank Pöpsel damals motiviert, mich näher mit der Thematik zu befassen, nach Möglichkeiten zu suchen, die nicht nur für mich, sondern auch für mein späteres Ich sinnvoll sind. Für Menschen, die jederzeit schnell an ihr Kapital wollen. Für Anleger, denen ein ruhiger Schlaf (auch in Krisenzeiten) in den nächsten 15 Jahren wichtiger ist, als am Ende drei Prozent mehr Rendite auf dem Konto zu haben. Acht Jahre habe ich in den Tiefen des Internets und in Bibliotheken nach den verschiedensten ETF-Strategien gesucht. Für dieses Buch habe ich alle Strategien aufgelistet, die mir im Gedächtnis geblieben sind, und jene, die ich in meinen Archiven wiederfinden konnte. Die meiner Meinung nach besten 17 Strategien werde ich Ihnen in diesem Buch näher vorstellen. Doch vorher möchte ich noch die wichtigsten Fragen vorab beantworten.

Was erwartet mich?

In der nachfolgenden Abbildung sehen Sie alle vorgestellten Strategien in einer Matrix aufgelistet. Diese ist elementar, um zu verstehen, was die Vorgehensweise und das konkrete Ziel einer jeden Strategie sind. Grundsätzlich ist das Buch dabei in zwei Teile geteilt. Die ersten acht Strategien sind allesamt „Buy and Hold"-Strategien, also Ansätze, die lediglich ein jährliches Rebalancing von Ihnen erfordern. Damit eignen sich diese Strategien für jeden, der keine Lust oder Zeit hat, regelmäßig sein Portfolio anzupassen, und nach einer Lösung sucht, die ihn langfristig begleitet und im besten Fall das gesamte Anlegerleben über funktioniert. Der zweite Teil des Buches befasst sich mit neun weiteren Timing-Strategien. Dies sind Methoden, bei denen Sie aktiv anhand verschiedener Faktoren in das jeweilige Portfolio eingreifen und Umschichtungen vornehmen. Aber keine Sorge: Mir war es sehr wichtig, nur jene Strategien vorzustellen, die definitiv für jeden ETF-Anleger umsetzbar sind und keine besonderen Fähigkeiten oder kostenpflichtige Zusatzprodukte benötigen. Der Grundsatz: Extra-Arbeit muss sich auch lohnen. Da die meisten der aufgelisteten Strategien von teils bekannten Experten sind, nenne ich Ihnen auch immer jeweils die zugrunde liegende Literatur, damit Sie sich gegebenenfalls im Nachgang noch tiefer mit der Methodik auseinandersetzen können.

Abb. 2 | Die 17 ETF Strategien in der Komplexitäts-Rendite-Matrix

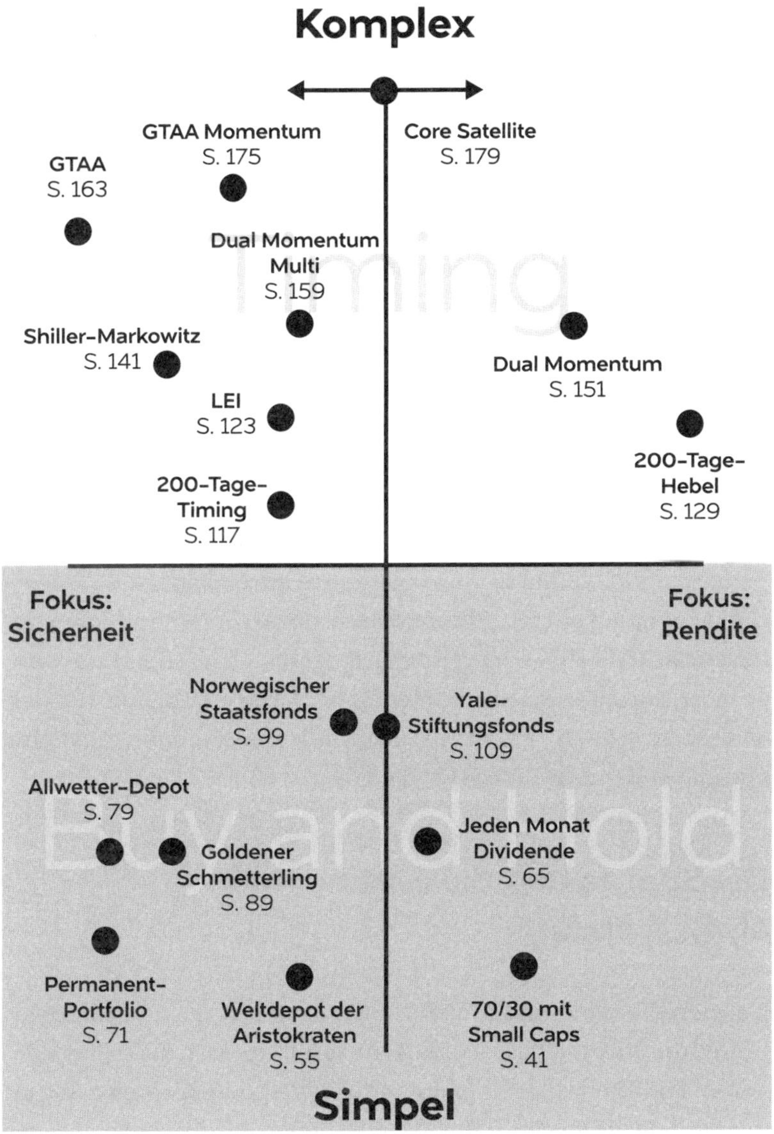

Wichtig: Dieses Buch ist eine Art Sammelband. Ein „Best of" von ETF-Strategien, die ich in den letzten Jahren kennenlernen durfte. Mein Ziel war es deshalb, dass Sie dieses Buch nicht chronologisch lesen müssen, um die einzelnen Strategien zu verstehen. Die Kapitel bauen nicht aufeinander auf. Jeder Strategie-Absatz steht für sich. Dies ermöglicht es Ihnen, sich frei nach Ihren persönlichen Präferenzen über die Strategien zu informieren, die Sie interessieren. Mit der gezeigten Matrix habe ich für Sie bereits eine erste grobe Einteilung vorgenommen. Selbstverständlich rate ich Ihnen als Autor dieses Buches aber, sich auch mit Strategien auseinanderzusetzen, die auf den ersten Blick vielleicht nicht nach Ihrem Geschmack sind. Denn genau das ist der Grund, weshalb ich dieses Buch geschrieben habe: für weniger Scheuklappen, weniger Ideologien am Aktienmarkt. Für mehr Offenheit, Transparenz und fundierte Ansätze.

Fundiert bedeutet für mich auch, dass wir eben nicht nur auf die langfristige Rendite schauen und dabei sämtliche Begleitumstände außen vor lassen. Nicht umsonst habe ich in der Matrix auf der X-Achse die Risikodimension eingefügt. Während einige Strategien ihren Fokus auf eine Renditemaximierung legen, sind andere Strategien dafür da, die Robustheit des Portfolios zu erhöhen, um gerade in Krisenzeiten einen erhöhten Kapitalschutz zu bieten. Was alle Strategien jedoch vereint, ist das Streben nach einem möglichst optimalen Rendite-Risiko-Verhältnis.

Die Sharpe und die Sortino Ratio – einfach erklärt

Um dieses Rendite-Risiko-Verhältnis zu messen, nutze ich die Sharpe und die Sortino Ratio. Beide Kennzahlen messen die risikobereinigten Renditen, allerdings auf unterschiedliche Weise. Lassen sie uns deshalb die Sharpe Ratio und die Sortino Ratio genauer ansehen und miteinander vergleichen.

Die Sharpe Ratio wurde von dem mit dem Wirtschafts-Nobelpreis ausgezeichneten Wirtschaftswissenschaftler William Sharpe entwickelt.[4] Die Sharpe Ratio misst die Überschussrendite einer Anlage gegenüber dem risikofreien Zinssatz, geteilt durch die Standardabweichung der Renditen der Anlage. Die Überschussrendite ist die Rendite der Anlage über dem risikofreien Zinssatz. Der risikofreie Zinssatz ist die Rendite einer Anlage ohne Risiko und basiert für gewöhnlich auf Staatsanleihen des Landes, in dem das Investment getätigt wird. Die Laufzeit der Anleihen orientiert sich dabei am Zeitraum der Renditeerhebung. Wird beispielsweise eine Fondsrendite mit fünf Prozent jährlich beziffert, kann der Anleger zur Ermittlung der Sharpe Ratio die Rendite einjähriger Staatsanleihen zugrunde legen. Die Standardabweichung ist ein Maß für die Volatilität der Renditen einer Anlage. Die grundlegende Formel lautet:

Abb. 3 | Die Sharpe-Ratio-Formel

$$\text{Sharpe Ratio} = \frac{\text{Investmentrendite} - \text{risikofreier Zins}}{\text{Volatilität}}$$

Klingt fürchterlich kompliziert, ist es aber nicht, wie das folgende Beispiel zeigt: Stellen Sie sich Portfolio A und Portfolio B vor. Portfolio A hat innerhalb des letzten Jahres eine Rendite von 13 Prozent erzielt bei einer Volatilität von 17 Prozent. Portfolio B hingegen hat „nur" eine Rendite von sieben Prozent eingebracht, war dafür aber deutlich schwankungsärmer mit einer Volatilität von lediglich fünf Prozent.

Hieraus ergeben sich folgende Sharpe Ratios:

Abb. 4 | Zwei Beispiele für die Sharpe Ratio

Portfolio A $\frac{13\,\% - 3\,\%}{17\,\%} = 0{,}59$

Portfolio B $\frac{7\,\% - 3\,\%}{5\,\%} = 0{,}80$

Wie Sie sehen, deutet die höhere Sharpe Ratio bei Portfolio B darauf hin, dass hier das Rendite-Risiko-Verhältnis deutlich besser ist, obwohl bei Portfolio A die Rendite signifikant höher liegt.

In der Praxis wird die Sharpe Ratio von vielen Profis genutzt – und das völlig zu Recht. Doch meiner Meinung nach hat die Sharpe Ratio einen entscheidenden Haken: Aufgrund der Berücksichtigung sowohl positiver als auch negativer Ausschläge zur Bestimmung des Risikos macht die Sharpe Ratio keinen Unterschied zwischen „guter" und „schlechter" Volatilität. Sie definiert das Risiko als Unvorhersehbarkeit – egal ob es sich dabei um einen rapiden Kurssprung oder um einen Absturz handelt. In der Praxis kann dies aber zu Fehlschlüssen führen, wie der Vergleich folgender zwei fiktiver Charts zeigt:

Abb. 5 | Zwei fiktive Entwicklungen eines Kurscharts

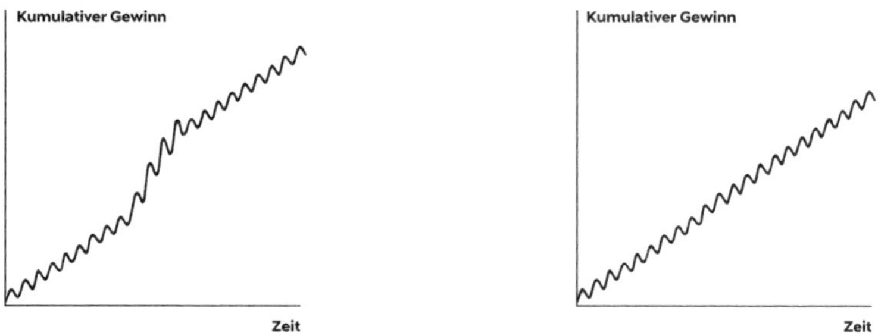

Quelle: www.intalcon.com[26]

Es ist unschwer zu erkennen, dass der linke Chart aufgrund des Ausbruches in der Mitte der Zeitleiste eine bessere Performance hingelegt hat als der rechte Chart. Laut Sharpe Ratio weist die rechte Kurve aber ein deutlich besseres Rendite-Risiko-Verhältnis auf.

Ich persönlich bevorzuge deshalb die sogenannte Sortino Ratio. Diese bemisst „positive“ Volatilität nämlich mit dem Wert 0 und gewichtet in ihrer Gleichung somit nur „negative“ Volatilität:

Abb. 6 | Die Sortino-Ratio-Formel

$$\textit{Sortino Ratio} = \frac{\textit{Investmentrendite – risikofreier Zins}}{\textit{Negative Volatilität}}$$

Diese „Weiterentwicklung“ oder „Verfeinerung“ der Sharpe Ratio halte ich für äußerst sinnvoll, da sich in der Praxis wohl kaum ein Anleger über plötzliche Kursausbrüche nach oben beschweren würde, oder? Sie werden in diesem Buch deshalb häufiger auf beide Risikokennzahlen stoßen. Sofern in den Originalstudien angegeben oder beim Backtest möglich, basieren meine Gegenüberstellungen auf der Sharpe Ratio. Diese richtet sich noch ein Stückchen mehr an den Bedürfnissen der Anleger aus.

Warum Drawdowns so wichtig sind

Eine weitere Kennzahl, über die wir in diesem Buch häufig sprechen werden, ist der sogenannte Drawdown, also die Verluste, die Anleger mit den jeweiligen Strategien in der Vergangenheit verkraften mussten. Dahinter steckt ein ganz einfacher Grund: Nichts brennt sich schneller und intensiver in die Köpfe der Anleger ein als echte Verluste. Wir können viel über schwer greifbare Dinge wie Standardabweichungen, diverse Ratios und Co sprechen – doch am Ende des Tages zählt das, was ich als Anleger konkret verliere oder gewinne, und das nicht in Punkten oder Verhältnissen ausgedrückt, sondern in Euro oder Dollar.

Alle diese Auswertungen wären demnach gar nicht möglich, wenn diese Strategien keinen langen Track-Rekord hätten. Grundsätzlich sind alle 17 Strategien in diesem Buch über einen langen Zeitraum zurückzuverfolgen – und damit meine ich 20 Jahre und mehr. Das ist auch wichtig: Schließlich funktioniert jede Strategie ... zum richtigen Zeitpunkt. Erst ein möglichst langer Zeithorizont gibt uns jedoch Aufschluss darüber, ob eine Strategie tatsächlich als fester Bestandteil eines Privatanleger-Portfolios taugt, egal ob in Boom- oder in Krisenzeiten. Vor allem die Dotcom-Blase zur Jahrtausendwende und die Finanzkrise im Jahr 2008 werden dabei als einschneidende Ereignisse am Aktienmarkt bei nahezu jeder Strategie besonders beleuchtet werden.

Inspiration und keine Vorgaben

Apropos Offenheit: Dies bezieht sich ausdrücklich auch auf die Ausführung. Denn klar ist: Nicht alle dieser Strategien waren in ihrer Originalfassung explizit für ETFs ausgelegt. Weil es gerade hierher passt: Das Jahr 2023, in dem dieses Buch auf den Markt kommt, ist gleichzeitig das 30-jährige ETF-Jubiläum. Am 22. Januar 1993 ging mit dem SPDR S&P 500 ETF Trust der erste ETF überhaupt an den Markt.[5] Strategien wie die von der Yale-Universität oder von Ray Dalio sind aber bedeutend älter. Bei den vorgestellten ETF-Portfolios in diesem Buch handelt es sich deshalb immer um eine Inspiration für Sie, mit der Sie die jeweilige Strategie so präzise es geht abbilden können. Das heißt nicht, dass dies die einzige Möglichkeit ist. Dafür ist das ETF-Universum mittlerweile viel zu groß. Ich kann Ihnen an dieser Stelle justetf.de als Datenbank für zugelassene ETFs in Deutschland sehr empfehlen. Meiner Meinung nach ist JustETF eine hervorragende Anlaufstelle, um a) bestimmte ETFs zu suchen,

b) ETFs miteinander zu vergleichen und c) sich tiefergehende Informationen zu den jeweiligen Produkten zu holen. Um beim Beispiel des amerikanischen S&P 500 zu bleiben: Aktuell sind 22 solcher S&P-500-ETFs verschiedenster Anbieter auf JustETF gelistet. Besonders hilfreich ist es, dass Sie diese Auswahl beispielsweise anhand der Fondsgröße oder der jährlichen Kosten sortieren können. Bei der Auswahl der jeweiligen ETFs in diesem Buch wurde sowohl auf die Liquidität als auch auf die Kostenquote geachtet.

Die besten Tools für ETF-Investoren

Neben justetf.com möchte ich Ihnen vorab noch einige weitere Tools mit an die Hand geben, die für ETF-Strategen meiner Meinung nach unabdingbar sind und mir in den letzten Jahren enorm geholfen haben. Und das Beste: Alle Tools sind kostenlos.

PORTFOLIOVISUALIZER

Definitiv mein Lieblingstool. Auf portfoliovisualizer.com können Sie als Privatanleger nahezu jede Strategie „backtesten“, also die Performance der Vergangenheit anzeigen lassen. Die Auswertungen gehen aber noch viel weiter als nur die reine Kursentwicklung. Die angesprochenen Sharpe und Sortino Ratios lassen sich ebenso abrufen wie die maximalen Drawdowns, etwaige Erholungszeiträume, rollierende Renditen und noch vieles mehr. Vor allem die Anzeige der rollierenden Renditen macht die Auswertungen so spannend: Anleger können so nämlich schauen, nach wie vielen Jahren sie mit einer bestimmten Strategie selbst zum schlechtestmöglichen Einstiegszeitpunkt wieder im Plus gewesen wären.

Doch nicht nur simple „Buy and Hold“-Strategien lassen sich mit Portfoliovisualizer auswerten, auch teils komplexe Timing-Strategien analysiert das System mit Leichtigkeit und ist sogar in der Lage, die Timing-Perioden aufzulisten. Ein Beispiel: Bei einer Timing-

Strategie schichten Sie Ihr Kapital entweder in den S&P 500 oder Gold um. Mittels der „Timing"-Funktion können Sie ermitteln, wann und wie lange die Strategie in den jeweiligen Assets investiert war. Der Nachteil: Man merkt dem Tool deutlich an, dass es ein amerikanisches ist. Von Rückrechnungen mit konkreten ETFs rate ich Ihnen deshalb eher ab, da es sich meist um Produkte handelt, die hierzulande nicht handelbar sind. Ein Workaround ist die Nutzung der sogenannten „Asset Class". Wer diese Funktion wählt, kann zwischen verschiedenen Assetklassen wählen, wie beispielsweise „USA Large Cap", die sich auf den S&P 500 Index bezieht, oder exotischeren Klassen wie „USA Small Cap Value". Auch im Bereich der festverzinslichen Wertpapiere umfasst das Tool eine breite Auswahl. Die Benutzung ist zu Beginn sicher nicht einfach. Doch wer ein bisschen Zeit und Interesse mitbringt, wird mit portfoliovisualizer.com seinen Spaß haben.

BACKTEST BY CURVO

Weniger Funktionen, aber dafür für den europäischen Markt programmiert: das Backtesting-Tool von Curvo (curvo.eu/backtest/). Die Rückrechnungen funktionieren hier ausschließlich über in Europa handelbare ETFs. Nutzer können intuitiv ETFs mittels Namen oder WKN suchen und in eigenständige Portfolios integrieren. Leider sind nicht alle ETFs, die man beispielsweise auf justetf.com findet, vorhanden. Vor allem Nischen-ETFs sucht man teils vergebens. Doch das Portfolio ist groß genug, um viele der „Buy and Hold"-Strategien direkt mit echten ETFs abzubilden. Der große Vorteil dabei ist, dass das Tool etwaige Transaktionskosten und laufende Kosten (TER) berücksichtigt. Nachteilig ist jedoch, dass das Backtesting meist nicht so lange in die Vergangenheit zurückreicht.

PORTFOLIOCHARTS

Ein Geheimtipp ist sicherlich portfoliocharts.com. Ich kann jedem nur dringend empfehlen, einmal bei Tyler – so heißt der Betreiber der Seite – vorbeizuschauen. Tyler hat nämlich eine Datenbank der bekanntesten „Buy and Hold"-Portfolios zusammengestellt, die man auf der Plattform sogar noch miteinander vergleichen kann. Selbst etwaige Entnahmepläne kann sein Tool simulieren. Tyler selber ist übrigens mit seiner „Goldener Schmetterling“-Strategie ebenfalls in diesem Buch vertreten.

GOOGLE SCHOLAR

Google Scholar ist eine Art akademische Suchmaschine, mit der jeder nach wissenschaftlichen Studien suchen kann. Darunter ist auch eine Vielzahl an Arbeiten aus dem Finanzbereich. Einige der Studien können Sie sogar gratis als PDF downloaden. Insbesondere in der jüngeren Vergangenheit häufen sich Arbeiten, die diverse ETF-Strategien als Thema haben. Eine wirkliche Qualitätskontrolle der gelisteten Arbeiten konnte ich jedoch in den vergangenen Jahren nicht feststellen.

Wieso kommen keine ESG-ETFS in diesem Buch vor?

Weil mir die Nachhaltigkeit wichtig ist. Das mag zwar im ersten Moment paradox klingen, doch komme ich nach intensiver Recherche der ESG-Ratings und -Produkte in den vergangenen Monaten eben genau zu diesem Ergebnis, dass ich keinen der großen liquiden ESG-ETFs in diesem Buch als ernsthafte Alternative dafür anführen könnte, was sich Anleger versprechen: einen nachhaltigen – und damit ethisch und moralisch überzeugenden – ETF. Ich weiß, dass die Diskussion darüber höchst emotional geführt wird. Von beiden Seiten. Wenn Ihnen diese Kurzantwort also genügt, können Sie gern bis zum nächsten Kapitel weiterblättern. Denn im Folgenden möchte ich die Frage nach Moral in der (passiven) Geldanlage von vorn aufrollen, aufzeigen, wieso ich die bisherigen ESG-Ratings für nicht zielführend halte, und am Ende Denkanstöße skizzieren, wie Sie als Anleger für sich die beste Entscheidung treffen können.

Die dunkle Seite der Weltindizes

Beginnen wir also wieder ganz vorn. Dieses Mal beim großen Bruder des MSCI World, dem MSCI All Country World Investable Market Index (ACWI IMI), dem – zumindest technisch gesehen –Welt-Index schlechthin. Mit über 9.200 Unternehmen aus 23 Industriestaaten und 24 Schwellenländern deckt dieser rund 99 Prozent des weltweiten Aktienmarktes ab.[6] Laut MSCI sind rund 4,8 Billionen US-Dollar in Produkte investiert, die den MSCI ACWI IMI als Benchmark haben – das entspricht rund 4,2 Prozent des gesamten verwalteten Vermögens auf der Welt.[7] In meinen täglichen Gesprächen mit Fondsmanagern, Vermögensverwaltern, aber auch mit Privatinvestoren zeigt sich, dass vor allem eine große Gruppe an jüngeren Anlegern ACWI-ETFs in ihren Sparplänen besparen. Und das ist auch gut so! Spannend wird es jedoch, wenn wir uns anschauen, was dieser Anlegergeneration wichtig ist. Bei einer aktuellen Umfrage der Stanford University gab ein Drittel der Investoren unter 41 Jahren an, dass sie auf mehr als zehn Prozent ihrer Altersvorsorge verzichten würden, wenn sie dadurch bei den Unternehmen Fortschritte in den Bereichen Soziales und Umwelt bewirken würden.[8] In einer weiteren Umfrage von IBD/TIPP aus dem Jahr 2020 gaben 93 Prozent der 25- bis 44-jährigen US-amerikanischen Investoren an, dass ESG-Rankings ein „wichtiger Faktor“ bei der Anlageentscheidung seien.[9] Doch nicht nur unter den jüngeren Investoren rücken ESG-Lösungen in den Fokus. Laut einer Umfrage der Deutschen Bank stimmen rund 78 Prozent der Anleger aller Altersklassen zu, dass ihre Investitionen einen positiven Einfluss auf die Welt haben sollten.[10]

Wenn also immer mehr Anleger auf der Welt ihr Kapital nachhaltiger anlegen (wollen) und die Welt-ETFs wie der ACWI IMI oder auch der klassische MSCI-World-ETF insgesamt immer mehr Mittelzuflüsse haben, müsste dies unweigerlich bedeuten, dass diese nachhaltig sind. Oder zumindest ein bisschen. Aber genau das ist nicht der Fall.

Jetzt gibt es zwei Optionen: Entweder die befragten Anleger lügen oder sie wissen gar nicht im Detail, was in so einem Welt-ETF alles enthalten ist. Eine böse Absicht möchte ich jedoch niemandem unterstellen. Und zugegeben, bei über 9.000 Positionen im MSCI ACWI IMI ist es auch fast unmöglich, den Überblick zu behalten. Ich habe dennoch mal in die Auflistung geschaut und möchte Ihnen anhand von zwei simplen Beispielen zeigen, wo Idealismus auf Realität trifft.

So viel Rüstung und Diktatur stecken im Welt-ETF

In der Tabelle sehen Sie die zehn größten Rüstungskonzerne der Welt aufgelistet und die jeweilige Gewichtung im MSCI ACWI IMI:

Abb. 7 | Übersicht der zehn größten börsennotierten Rüstungsfirmen und ihre Gewichtung im MSCI ACWI IMI Index

Name	Marktkapitalisierung in Mrd. Euro	Gewichtung im MSCI ACWI IMI in %
Raytheon Technologies	132,6	0,21
Honeywell	124,9	0,19
Lockheed Martin	120,8	0,16
Boeing	85,1	0,11
Northrop Grumman	82,0	0,10
General Dynamics	67,5	0,08
L3Harris	48,0	0,07
Safran	46,2	0,05
BAE Systems	28,8	0,04
Thales	25,0	0,02
	Gesamt:	**1,03**

Quelle: Bloomberg (2023) und MSCI (2022)

Insgesamt kommen die Top 10 der Rüstungsindustrie somit auf über ein Prozent. Wer also im Monat eine Sparrate von 100 Euro in einen Welt-ETF investiert, unterstützt mit einem Euro die Rüstungsindustrie. Beim MSCI-World-ETF, in dem keine Schwellenländer vorhanden sind, beläuft sich der Anteil sogar auf über 1,3 Prozent.[11] Zum Vergleich: Länder wie Schweden oder die Niederlande kommen beim ACWI ebenfalls auf eine Gewichtung von einem Prozent. Ohnehin lohnt sich ein Blick auf die gesamte Länderallokation des ACWI. Vor allem in den Regionen, in denen ein anderes oder kein Demokratieverständnis existiert. Hierzu habe ich den aktuellen „Democracy Index" von *The Economist* genauer betrachtet und diesen mit den Ländern im ACWI abgeglichen. Der Democracy Index bewertet jedes Jahr das Demokratie-Level von über 160 Ländern anhand von 60 Kriterien auf einer Skala von null (schlecht) bis zehn (sehr gut).[12] Wenig verwunderlich: Auch bei der letzten Messung lagen die skandinavischen Länder auf den Top-Positionen. Spitzenreiter ist Norwegen mit 9,75 Punkten. Weitaus dramatischer liest sich die Einleitung der Studienmacher insgesamt – nicht einmal die Hälfte aller Menschen auf der Welt leben in einer Demokratie. In der folgenden Tabelle sehen Sie jene Länder aufgelistet, die sowohl im ACWI IMI vertreten als auch beim Democracy Index in den zwei schwächsten Kategorien eingeordnet sind. Zu Hybridregimen zählt man dabei Länder, die sich entweder auf dem Weg von einem autoritären Regime zu einer schwachen Demokratie oder entgegengesetzt entwickeln.

Abb. 8 | Übersicht autoritärer oder Hybridregime und ihre Gewichtung im MSCI ACWI IMI Index

Nation	Demokratie-Index in Punkten	Kategorie	Gewichtung im MSCI ACWI IMI in %
China	2,21	Autoritäres Regime	3,00
Hongkong	5,60	Hybridregime	0,69
Saudi-Arabien	2,08	Autoritäres Regime	0,44
UAE	2,90	Autoritäres Regime	0,15
Katar	3,65	Autoritäres Regime	0,11
Kuwait	3,91	Autoritäres Regime	0,09
Türkei	4,35	Hybridregime	0,04
Ägypten	2,93	Autoritäres Regime	0,01
Mexiko	5,57	Hybridregime	0,25
		Gesamt:	**4,78**

Quelle: EIU (2021) und MSCI (2022)

Insgesamt kommen jene Länder auf einen Anteil von fast fünf Prozent. Und weil keines der genannten Rüstungsunternehmen in einem der aufgelisteten Staaten ansässig ist, könnten böse Zungen also den errechneten „Sündenanteil" auf fast sechs Prozent aufsummieren. Ist das sinnvoll? Vermutlich nicht. Ist der Weltindex deshalb moralisch verwerflich? Auch das möchte ich verneinen. Es ist nicht seine Aufgabe, zu richten, sondern neutral die Weltwirtschaft abzubilden. Dennoch habe ich festgestellt, dass viele jüngere Anleger, die auf einen breit gestreuten Welt-ETF setzen, oftmals gar nicht genau wissen, in was sie dort alles investieren. Während ich diese Zeilen schreibe, läuft gerade die Fußball-WM in Katar. Wenn Sie mir den zynischen Kommentar erlauben: Die Schnittmenge an Menschen, die die WM boykottieren oder zumindest scharf kritisieren, aber gleichzeitig mit ihren Sparplänen in Katar investieren, würde mich sehr stark interessieren.

Was ist wirklich nachhaltig?

ESG-ETFs sollen hier Abhilfe schaffen. So die Theorie. In der Praxis fällt das Ergebnis aber ernüchternd aus. Um bei der Familie der MSCI-Welt-Indizes zu bleiben, lohnt sich beispielsweise ein Blick auf den MSCI World ESG Screened Index. Dieser verspricht „umstrittene Waffen, Atomwaffen, Tabak, Kraftwerkskohle, Ölsand, Unternehmen, die den Global Compact der Vereinigten Nationen nicht einhalten, und zivile Feuerwaffen" auszuschließen.[13] Klingt vorbildlich, doch bei genauer Betrachtung fällt auf, dass von den zehn größten Rüstungskonzernen der Welt (Sie erinnern sich) einer immer noch vertreten ist: L3Harris Technologies. Und genau hier beginnt die Absurdität, wenn man versucht, Nachhaltigkeit quantitativ zu messen. Denn woran kann es liegen, dass L3 Harris weiterhin in der ESG-Variante des Weltindex vertreten ist, während die anderen Big Player der Rüstungsbranche ausgeschieden sind? Liegt es an den konkreten Produkten? Ist ein Zulieferer im Bereich der Kommunikationstechnik für ein Kriegsflugzeug moralisch weniger verwerflich als ein Zulieferer, der die Munition bereitstellt? Was ist mit einem Reifenhersteller, dessen Produkte zwar zu 95 Prozent bei Pkws im Einsatz sind, aber ein kleiner Teil der Absatzmenge auch an Kriegsflugzeugen montiert ist? Ist ein Solaranlagenhersteller mit einer Männerquote von 100 Prozent im Vorstand nachhaltiger oder weniger nachhaltig als ein Fracking-Konzern mit tadelloser Frauenquote?

Wir könnten ein ganzes Buch mit solchen Fragen füllen, die zwar auf jedem Börsenstammtisch eine garantiert intensive Diskussion anregen würden, aber in einem Anlageprodukt weder standardisiert noch zufriedenstellend beantwortet und abgebildet werden können. Dafür ist die Frage nach der Nachhaltigkeit viel zu individuell. Denn während der eine Anleger seinen Fokus auf den CO_2-Ausstoß legt, ist für den anderen das Thema Equal Pay wichtig. Und während Rüstungsunternehmen einen wichtigen Beitrag zur Sicherheit eines Landes leisten können, müssen wir auch die Frage nach Lebensmittelkonzernen stellen, die übermäßig Zucker in ihren Produkten verwenden. Selbstredend will dies bei den großen Index- und ESG-Rating-Anbietern niemand hören. „Die eigentliche Mission von MSCI ist es, Investoren dabei zu helfen, bessere Portfolios für eine bessere Welt aufzubauen", verkündete MSCI-CEO Henry Fernandez bereits 2019.[14] Eine starke Aussage vom stärksten Anbieter von ESG-Indizes auf der ganzen Welt. Doch die Sache hat einen ganz großen Haken: Die MSCI-ESG-Ratings messen nicht die Auswirkungen eines Unternehmens auf die Erde und die Gesellschaft. Vielmehr messen sie das Gegenteil: die potenziellen Auswirkungen der Welt auf das Unternehmen und seine Aktionäre. Welch teils paradoxe Auswirkung dies auf die Unternehmensauswahl in den ESG-Indizes hat, zeigt eine umfassende Auswertung von *Bloomberg*. Zwischen Januar 2020 und Juli 2021 hat *Bloomberg* alle 155 Rating-Upgrades von S&P-500-Unternehmen genauer untersucht. Dabei fiel auf, dass die eigentliche Klimabilanz nahezu überhaupt gar keine Rolle dabei spielt, ob ein Unternehmen ein ESG-Upgrade erhält oder nicht.

Das beste Beispiel: Fast-Food-Gigant McDonald's, der 2019 mehr Treibhausgasemissionen als beispielsweise Portugal verursachte. McDonald's verursachte 2019 54 Millionen Tonnen Emissionen, was einem Anstieg von etwa sieben Prozent in vier Jahren entspricht. Dennoch stufte MSCI McDonald's mit Verweis auf die Umweltpraktiken des Unternehmens herauf. MSCI tat dies, nachdem es die Kohlenstoffemissionen bei der Berechnung der Bewertung von McDonald's nicht mehr berücksichtigt hatte. Warum? Weil MSCI feststellte, dass der Klimawandel weder ein Risiko darstellt noch „Chancen" für das Unternehmen bietet. MSCI berechnete daraufhin die Umweltbewertung von McDonald's neu, um das Unternehmen für die Minderung von „Risiken im Zusammenhang mit Verpackungsmaterial und Abfall" im Vergleich zu seinen Konkurrenten zu belohnen. Dazu gehörte auch die Aufstellung von Recyclingbehältern an einer nicht näher bezeichneten Anzahl von Standorten in Frankreich und Großbritannien – Länder, in denen das Unternehmen mit potenziellen Sanktionen oder

Vorschriften rechnen muss, wenn es nicht recycelt. Bei dieser wie auch bei allen anderen Bewertungen hat MSCI nur darauf geachtet, ob Umweltprobleme dem Unternehmen schaden könnten. Jegliche Abschwächung von Risiken für den Planeten war nebensächlich. Übrigens: Laut einer aktuellen Studie von *Mirror* ist der Verzehr eines Big Macs ungefähr genauso umweltschädlich wie eine fast 13 Kilometer lange Autofahrt mit Verbrennermotor – beides führt zu einem Ausstoß von 2,35 Kilogramm an CO_2.[15]

Aber zurück zur Auswertung von *Bloomberg*, schließlich ist McDonald's kein Einzelfall, der die Sinnhaftigkeit infrage stellt. So wurden 51 Unternehmen hochgestuft, weil diese Richtlinien einführten, zu denen auch das Verbot von Straftaten wie Geldwäsche und Bestechung gehörten. Fast schon perfide wird es, wenn wir auf den Faktor „Water Stress" blicken. Dieser bewertet nämlich, ob die lokale Gemeinde ausreichend Wasser für die Geschäftspraktiken eines Unternehmens bereitstellen kann – und nicht, ob das Unternehmen dieses Wasservorkommen bedroht. Dies führte unter anderem dazu, dass Fleisch-Gigant Tyson Foods heraufgestuft wurde. Richtig, das Unternehmen, welches zu den größten Verursachern der Wasserverschmutzung in den USA gehört.[16] 2021 zahlte der Konzern eine Summe in Höhe von drei Millionen US-Dollar, nachdem herauskam, dass eine Hähnchenverwertungsanlage von Tyson Foods in Alabama etwa 832.900 Liter Abwasser in den Mulberry Fork ableitete und damit nach vorsichtigen Schätzungen 200.000 Fische tötete.[17]

Zusammengefasst: ESG-ETFs sind meiner Meinung nach definitiv nicht die Lösung – zumindest zum jetzigen Zeitpunkt. Wer sein Geld nach seinen Vorstellungen „nachhaltig" anlegen möchte, wird am Ende wohl kaum darum herumkommen, jedes Unternehmen einzeln nach eigens definierten Kriterien zu analysieren. Ob es in Zukunft auch passive Anlagemöglichkeiten geben wird, deren Aktienauswahl zumindest in größeren Teilen Sinn ergibt, möchte ich nicht ausschließen. Mehr noch: Ich würde es mir sehr wünschen.

Wieso bevorzuge ich ETFs, obwohl sie „dumm“ sind?

Ja, ETFs sind nicht gerade clever. Das gebe ich gern zu. Dennoch muss ich schmunzeln, wenn ich Schlagzeilen wie von Goldman Sachs lese, die 2022 mit einem Essay für Schlagzeilen sorgten, in dem sie davon sprachen, „dass es gerade jetzt von entscheidender Bedeutung sei, über die nach Marktkapitalisierung gewichteten Benchmarks hinauszublicken, die den Gewinnern der Vergangenheit zu viel Kapital zuweisen, und die Anleger möglicherweise gegenüber den Gewinnern der Zukunft zu wenig exponiert sind“.[18] Ihr Hauptargument: die fortschreitende Disruption. Bei über 70 Prozent der Unternehmen im amerikanischen S&P 500 sei das Risiko gegeben, dass diese in naher Zukunft disruptiert werden könnten. Bahnt sich ein Ende der glorreichen Zeit der ETFs an? Braucht es neue Alternativen bei den Indizes, die nach Kriterien gewichtet werden, die zukünftige Gewinner mehr berücksichtigen und das Klumpenrisiko an der Spitze minimieren? Ist „Equal Weight“ vielleicht die Lösung? Die Antworten.

Die Börse ist ein Friedhof

Vorab: 70 Prozent sind keineswegs unrealistisch. Dane und Cho verweisen darauf, dass 52 Prozent der Unternehmen, die vor 30 Jahren im S&P 500 waren, nicht mehr existieren. Andere Studienergebnisse unterstreichen das Phänomen. Hendrik Bessembinder, einer der renommiertesten Index-Experten der USA, veröffentlichte 2019 eine Studie mit dem Namen „Longterm shareholder returns: Evidence from 64.000 global stocks“. Das Ergebnis: Deutlich über 50 Prozent der 64.000 untersuchten Aktien im Zeitraum ab 1990 performten insgesamt schlechter als einmonatige US-Staatsanleihen (Treasury Bills). Zur Einordnung: Der langfristige historische Zinssatz solcher Anleihen liegt bei gerade einmal 1,18 Prozent. Für die gesamte Vermögensbildung am globalen Aktienmarkt seien hingegen gerade einmal 2,4 Prozent der Unternehmen verantwortlich. Und auch das Argument, dass vor allem die „Gewinner der Vergangenheit“ ein zu hohes Gewicht hätten, lässt sich bei den Indizes, die nach der Marktkapitalisierung gewichtet werden, nicht von der Hand weisen. Darunter zählen unter anderem der S&P 500, der Euro Stoxx 50 und auch der MSCI World.

Besonders eindrucksvoll zeigt sich dieses Klumpenrisiko bei Apple. Der Gigakonzern hat mittlerweile ein Gewicht von über vier Prozent am MSCI World. Zum Vergleich: Die gesamte Industrienation Japan kommt gerade einmal auf knapp über sechs Prozent.[19] Ein Knackpunkt. Anfang der 90er-Jahre war Japan mit einem Gewicht von circa 40 Prozent noch die dominierende Nation im MSCI World. Die sieben größten Unternehmen der Welt (nach Marktkapitalisierung) stammten 1990 aus Japan. Bereits 2010 war keines mehr davon auch nur ansatzweise in der Nähe der Top-Riege vertreten. Bedeutet: Das Wohl und Wehe der meisten ETF-Investoren hängt derzeit von einigen wenigen Silicon-Valley-Giganten ab. Zu glauben, dass diese in Zukunft weiterhin ihre Vormachtstellung erhalten können, ist historisch betrachtet jedoch naiv. Wie folgende Tabelle zeigt:

Abb. 9 | Übersicht der jeweils zehn größten Unternehmen je Dekade und ihre Performance

1990	Performance seitdem in %	2000	Performance seitdem in %
NTT	/	General Electric	-78,8
Industrial Bank of Japan	/	ExxonMobil	164,5
Sumitomo Bank	/	Microsoft	365,8
Fuji Bank	/	Pfizer	44,7
Dai-ichi Kangyo Bank	/	Walmart	137,6
ExxonMobil	847	Citigroup	-88,4
MUFG Bank	/	Cisco	-3,7
Toyota	467	Intel	-42,1
IBM	544	Royal Dutch Shell	29,2
General Electric	309	BP	-14,7
S&P 500	**1102**	**S&P 500**	**199,7**

2010	Performance seitdem in %	2020	Performance seitdem in %
PetroChina	-62,1	Saudi Aramco	3,6
ExxonMobil	62,5	Apple	99,5
Microsoft	721,6	Microsoft	60,6
ICBC	-38,8	Amazon	1,9
BHP Billiton	-1,6	Google	48,4
Apple	1870	Facebook	-42,3
China Construction Bank	-9,4	Alibaba	-60,2
Petrobas	-30,7	Tencent	-22,8
Walmart	186,9	Berkshire Hathaway	39,6
HSBC	-46,9	Visa	14,5
S&P 500	**261,9**	**S&P 500**	**26,0**

Quelle: Eigene Darstellung, Bloomberg

Zu sehen sind die jeweils zehn größten Unternehmen der Welt zu Beginn einer Dekade seit 1990 und die jeweilige Performance seitdem bis Oktober 2022. Ganz deutlich zu sehen ist, dass je weiter wir in die Vergangenheit zurückreisen, die Wahrscheinlichkeit desto geringer ist, dass eines der damaligen Top-10-Unternehmen langfristig den S&P 500 im Anschluss geschlagen hat. Von den zehn größten Unternehmen der Welt aus dem Jahr 2000 performte lediglich die Microsoft-Aktie seitdem besser als der breite Markt. Sechs der Unternehmen verloren seit der Jahrtausendwende sogar an Börsenwert. Wieso glaube ich also dennoch, dass die nach Marktkapitalisierung gewichteten ETFs die bessere Wahl sind?

Um diese Frage zu beantworten, sollten wir uns der Thematik aus drei Perspektiven annähern. Als Erstes schauen wir auf einen alternativen Index, der ebenso bekannt ist wie die genannten Indizes, aber in Sachen Gewichtung ein echter Exot ist – der Dow Jones Index. Bei diesem werden die 30 Unternehmen nämlich von einem Komitee beispielsweise auf der Grundlage ihres Rufs und anderer Faktoren ausgewählt – und das relativ willkürlich, wie einige Experten kritisieren.[20] Plus: Beim Dow Jones handelt es sich um einen Kursindex. Das heißt, dass für die Bewegungen des Index der Kurs der Aktien, nicht jedoch ihre Performance zählt. Je teurer eine Aktie ist, desto mehr beeinflusst sie also den Index. Ein geeigneter Repräsentant für die amerikanische Wirtschaft ist der Dow Jones damit wahrlich nicht und auch die Performance ist im Vergleich zum S&P 500 nicht signifikant besser. Studien belegen, dass die langfristige Durchschnittskorrelation beider Indizes bei 0,95 liegt (bei 1,00 wäre die Performance beider Indizes identisch). Seit 2004 hätten Anleger mit einem S&P-500-ETF sogar im Schnitt pro Jahr knapp einen Prozentpunkt mehr Rendite eingefahren als mit einem ETF auf den Dow Jones.

Die zweite Herangehensweise sind aktive Lösungen. Also aktiv gemanagte Fonds, die in der Theorie die zahlreichen Verrecker in den Indizes erst gar nicht aufnehmen und vermehrt und vor allem flexibel auf starke Wachstumswerte setzen können. Richtig, also solche Anlageprodukte, die auch Goldman Sachs anbietet. Hinter der Warnung der amerikanischen Großbank dürfte deshalb auch eine gehörige Portion Eigennutz stecken.

In der Praxis zeigt sich jedoch: Das große Versprechen können nur die wenigsten Fondsmanager langfristig einlösen. Die konkreten Zahlen liefert hierfür das „Active/Passive Barometer", welches halbjährlich die Performance der Fondsmanager gegen passive Benchmarks laufen lässt. Das mehr als deutliche Ergebnis: Nach Abzug der Kosten schaffen es nur die allerwenigsten Fondsmanager, langfristig den Markt zu schlagen. Nach 20 Jahren sind es in Europa lediglich 11,6 Prozent. Noch dramatischer fällt das Ergebnis bei US-Aktien und Weltportfolios aus — hier liegt die Gewinnerquote der aktiven Fonds langfristig bei nur knapp über fünf Prozent.[21]

Doch wie kann das eigentlich sein, dass hochbezahlte Fondsmanager im Nadelstreifenanzug, die an den besten Universitäten dieser Welt studierten und ein fähiges Team hinter sich haben, es einfach nicht schaffen, einen Markt zu schlagen, in dem – wie oben erwähnt – über 50 Prozent der Unternehmen in den letzten 30 Jahren von der Bildfläche verschwunden sind? Sicherlich gibt es eine Vielzahl an Ansätzen. Folgende zwei Begründungen halte ich für elementar:

1. DER KUNDE IST LANGFRISTIG DER GRÖSSTE RENDITE-KILLER

Ein Bärenmarkt tut fast jedem Anleger weh, der nicht gerade mit Short-Optionen hantiert. Doch wirklich ekelhaft wird es, wenn Sie die Verluste nicht nur sich, sondern auch Ihren Kunden erklären müssen. Ein Fondsmanager muss in Krisenzeiten somit nicht nur sinkende Kurse fürchten, sondern auch unzufriedene Kunden, die ihr Kapital abziehen. Wenn es holprig an den Märkten wird, schalten die meisten Fondsmanager also gezwungenermaßen in den Krisenmodus, mit dem Ziel, den Schaden möglichst zu begrenzen, um nicht in Erklärungsnot zu kommen. Das Problem dabei ist nur, dass die Profis (obwohl sie es eigentlich selber wissen) dadurch genau das Falsche machen – nämlich (einen Teil) ihre(r) Aktienpositionen auflösen. Schließlich liest es sich im Quartalsbericht deutlich beruhigender für den Kunden, wenn der Fondsmanager davon spricht, er habe in einem „schwierigen Marktumfeld die Cashquote erhöht, um etwaige Einstiegschancen zur gegebenen Zeit wahrzunehmen", als die zumindest langfristig sinnvollere Lösung, die da wäre, antizyklisch zu handeln und gegebenenfalls sogar Aktien nachzukaufen.

Abb. 10 | Wann an der Börse die besten Tage vorkommen

Die besten Tage des S&P 500, 1992 bis 2021

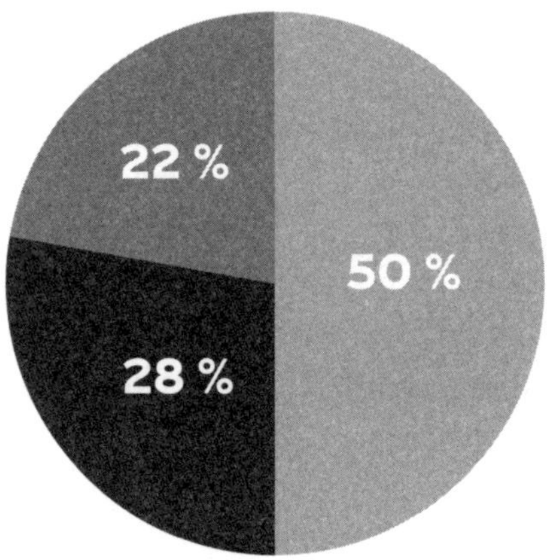

Die 50 besten Tage

- Während einer Baisse
- Während der ersten zwei Monate einer Hausse
- Während des restlichen Verlaufs einer Hausse

Quelle: Hartford Funds (2022)[22]

Denn wie das Tortendiagramm zeigt, fielen 50 Prozent der besten 50 Tage im S&P 500 zwischen 1992 und 2021 in einen Bärenmarkt. Weitere 28 Prozent in die ersten zwei Monate eines neuen Bullenmarktes. Fondsmanager, die in dieser Zeit typischerweise also untergewichtet in Aktien investiert sind, verpassen diese Tage – mit verheerenden Folgen für die Langfrist-Performance:

Abb. 11 | Das passiert, wenn man die besten Tage an der Börse verpasst

Die besten Tage der Börse zu verpassen ist kostspielig

Durchschnittliche Jahresrenditen des S&P 500, 1992 bis 2021

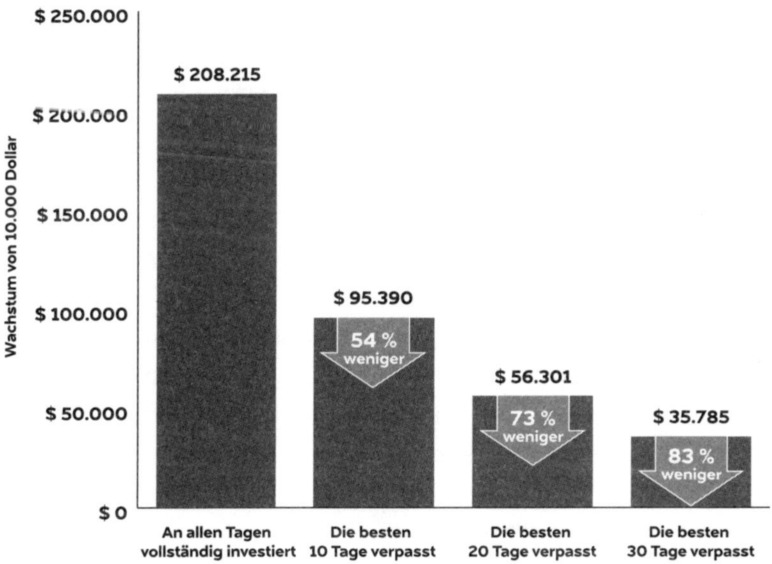

Quelle: Hartford Funds[23]

Bevor wir uns also darüber unterhalten, weshalb die meisten Fondsmanager den Markt langfristig nicht schlagen, sollten wir uns die Frage stellen, ob ein typischer Fondsmanager den Markt überhaupt schlagen will. Vielmehr brüstet sich die Industrie damit, das Risiko für Kunden zu minimieren. Zur Wahrheit gehört aber auch: Das geht auch mit passiven ETF-Strategien. Und zwar deutlich günstiger, wie ich in diesem Buch zeigen werde. Denn dort, wo bei einer standardisierten ETF-Strategie nach festen Vorgaben gehandelt wird, kommt beim aktiven Fonds der Risikofaktor Mensch hinzu.

2. MENSCHEN MACHEN FEHLER. TEURE FEHLER

Es ist eine Sache, den Markt nicht zu schlagen. Doch eine ganz andere, wenn man gegen Affen verliert. Oder gegen eine Katze. Und genau das ist schon häufiger vorgekommen. Im Januar 1999 warf ein Schimpanse namens Raven zehn Dartpfeile auf eine Dartscheibe mit 133 Internetunternehmen. Am Jahresende hatte Ravens Portfolio aus zehn zufällig ausgewählten Aktien mehr als 6.000 Internet- und Technologie-Fondsmanager übertroffen und eine erstaunliche Rendite von 213 Prozent erzielt.[24] 2013 ließ die britische Zeitschrift *The Observer* eine Katze eine Spielzeugmaus auf Aktiennamen werfen. Ihr Portfolio wuchs um elf Prozent in diesem Jahr und schlug damit die Auswahl einer Gruppe von Investment-Profis.[25] Das alles mag zwar lustig sein, doch zeigt einen ganz entscheidenden Punkt deutlich auf: Stock-Picking – egal ob von Profis oder nicht – funktioniert langfristig fast nie. Insbesondere in einer Zeit, in der Informationen in Sekundenschnelle um den ganzen Globus reisen, wird es für Anlageprofis immer schwerer, sich einen Vorteil gegenüber dem breiten Markt an Anlegern zu verschaffen.

Ein weiterer Hemmschuh sind die eigenen Emotionen. Hierzu hatte ich Ende 2022 ein spannendes Interview mit einem Fondsmanager, der es als einer der wenigen schaffte, mit seinem Multi-Asset-Fonds das Jahr mit einem zweistelligen Plus abzuschließen. Ein ganz wichtiger Baustein seiner Arbeit sei es dabei, *nicht* mit den Unternehmen zu sprechen. Auf meine Rückfrage, dass aber genau damit viele seiner Konkurrenten werben würden, antwortete er selbstsicher, dass die Fonds, die den besten und direktesten Draht zu den Konzernlenkern dieser Welt hätten, zwangsläufig auch die beste Performance hinlegen müssten. Doch Sie ahnen es bereits: Genau das ist nicht der Fall. Vielmehr sei es ein Nachteil, weil es einem durch den direkten Kontakt schwererfallen würde, die Aktie im Zweifelsfall wieder zu verkaufen. Sein Ansatz: Keine Emotionen. Meine Schlussfolgerung: Passive Investmentstrategien nach festen Kriterien.

Der finale Ansatz, um die Schwäche nach Marktkapitalisierung gewichteter Indizes auszumerzen, ist die Gleichgewichtung aller Positionen. Die Vorteile: Klumpenrisiken werden vermieden. Außerdem wird der Small-Cap-Effekt besser ausgenutzt. Dieser wurde bereits in diversen Studien nachgewiesen und besagt, dass kleinere Unternehmen aufgrund ihrer Wachstumsdynamik langfristig im Schnitt besser performen als Blue Chips (dazu später mehr in Strategie 01). Auf der anderen Seite fallen die erhöhte Volatilität und das Pleiterisiko der kleineren Unternehmen deutlich stärker ins Gewicht. Zudem wird der natürliche Momentumeffekt, den nach Marktkapitalisierung gewichtete Indizes aufweisen, unterbunden. Die Frage: Welche Argumente wiegen am Ende schwerer? Für den amerikanischen S&P 500 fällt das Urteil auf den ersten Blick zugunsten der „Equal Weight"-Methode aus. Mit einem solchen ETF konnten Anleger seit 2004 im Schnitt 7,93 Prozent Gewinn pro Jahr einfahren (Stand Oktober 2022). Ein herkömmlicher S&P-500-ETF kommt im selben Zeitfenster auf 7,02 Prozent. Doch Vorsicht: Durch die erhöhte Volatilität des „Equal Weight"-ETF zeigen sowohl die Sortino als auch die Sharpe Ratio an, dass die herkömmliche Gewichtung ein besseres Rendite-Risiko-Verhältnis aufweist. Lediglich zwei Verlustjahre hat der S&P 500 seit 2004 hinnehmen müssen. Die gleichgewichtete Variante kommt auf vier Verlustjahre. Ein gleichgewichteter ETF auf den S&P 500 scheint somit vor allem etwas für Anleger zu sein, die einen langen Anlagehorizont aufweisen. Beim MSCI World ist die Sachlage eine andere. Erstens gibt es für europäische Privatanleger derzeit keinen gleichgewichteten MSCI-World-ETF. Zweitens schneiden gleichgewichtete World-ETFs in den USA signifikant schlechter ab als das Original. Drittens performen vergleichbare Welt-ETFs in Europa mit einer Gleichgewichtung langfristig ebenfalls deutlich schwächer als der herkömmliche MSCI World. Eine mögliche Erklärung: Im Vergleich zum amerikanischen Aktienmarkt ist die weltweite Ausfallquote von Aktien (insbesondere von Small Caps) noch höher.

WELTPORTFOLIO MIT SMALL CAPS

Wie Sie ein echtes Weltportfolio aufbauen, welches die Anomalien des Aktienmarktes ausnutzt – und das mit nur drei ETFs.

Der MSCI World ist in Wahrheit ein Etikettenschwindel. Ein harter Vorwurf, ich weiß. Doch wenn „World" draufsteht und tatsächlich lediglich Aktien aus 23 Industrienationen vertreten sind, ist der Vorwurf berechtigt.[1] Schwellenländer werden beim angeblichen Welt-Index nämlich komplett ignoriert. Wer also glaubt, er würde die Weltwirtschaft mit einem MSCI-World-ETF abbilden, täuscht sich gewaltig, denn nicht nur der Nationenausschluss, sondern auch die Gewichtung der vertretenen Nationen weicht gewaltig von den Kräfteverhältnissen innerhalb der Weltwirtschaft ab, wie sie sich gerade darstellen:

Abb. 12 | Die größten Volkswirtschaften der Welt und ihre Gewichtung im MSCI World

Nation	Anteil an weltweitem BIP	Gewichtung im iShares Core MSCI-World-ETF
USA	24,4 %	67,4 %
China	17,9 %	0,0 %
Japan	5,4 %	5,8 %
Deutschland	4,5 %	2,0 %
Vereinigtes Königreich	3,3 %	4,4 %
Indien	3,1 %	0,0 %
Frankreich	3,1 %	2,9 %
Italien	2,3 %	(keine exakten Angaben)
Kanada	2,1 %	3,5 %
Südkorea	1,9 %	0,0 %

Quelle: iShares (2022) & Visual Capitalist (2022)

In der Tabelle sehen Sie die zehn größten Volkswirtschaften der Welt im Jahr 2021 und die jeweilige Gewichtung in einem herkömmlichen MSCI-World-ETF.[2] Deutlich zu sehen ist die immense Übergewichtung amerikanischer Aktien im Vergleich zur eigentlichen Wirtschaftsleistung der Vereinigen Staaten. China hingegen zählt trotz seiner Größe immer noch als Entwicklungsland und ist demnach nicht Teil des MSCI World. Ein Großteil der Ökonomen ist jedoch der Meinung, dass die chinesische Wirtschaft in Zukunft die US-amerikanische Wirtschaft als Nummer 1 der Welt ablösen könnte. Zwar wurden die Prognosen nach der Coronapandemie und der signifikanten Wachstumsdelle der chinesischen Wirtschaft nach hinten verschoben, doch Goldman Sachs beispielsweise rechnet mit einer Wachablösung im Jahr 2035.[3] Zwischen 1976 und 2022 wuchs die chinesische Wirtschaft in jedem Jahr schneller als die US-Wirtschaft. Ebenfalls nicht dabei sind Indien und Südkorea, die vom MSCI ebenfalls als Schwellenländer definiert werden.

Im Falle von Südkorea ist dieser Umstand jedoch bereits ein Politikum. Bereits seit 2015 versucht das Finanzministerium Südkoreas vergeblich, die heimische Börse KRX in den MSCI World zu boxen – bislang ohne Erfolg.[4] Umso besser, dass MSCI einen weiteren Welt-Index in petto hat, der dieses Problem lösen soll: der MSCI All Country World Investable Market Index. Kurz: ACWI IMI. Mit über 9.200 Unternehmen aus 23 Industriestaaten und 24 Schwellenländern deckt dieser rund 99 Prozent des weltweiten Aktienmarktes ab.[5] Doch auch hier lohnt sich wie immer ein genauerer Blick auf die Datenlage:

Abb. 13 | Die größten Volkswirtschaften der Welt und ihre Gewichtung im MSCI ACWI IMI

Nation	Anteil an weltweitem BIP	Gewichtung im SPDR MSCI ACWI IMI
USA	24,4 %	60,3 %
China	17,9 %	3,0 %
Japan	5,4 %	5,8 %

Nation	Anteil an weltweitem BIP	Gewichtung im SPDR MSCI ACWI IMI
Deutschland	4,5 %	2,0 %
Vereinigtes Königreich	3,3 %	3,9 %
Indien	3,1 %	1,6 %
Frankreich	3,1 %	2,6 %
Italien	2,3 %	0,6 %
Kanada	2,1 %	3,2 %
Korea	1,9 %	1,4 %

Quelle: SPDR (2022) & Visual Capitalist (2022)

Denn auch beim ACWI IMI bleiben die USA mit einer Gewichtung von über 60 Prozent signifikant übergewichtet. Chinesische Aktien sind zwar vertreten, machen jedoch gerade einmal drei Prozent aus. Insgesamt kommen Schwellenländer-Investments im ACWI IMI Index auf einen Anteil von 11,2 Prozent. Die restlichen 88,8 Prozent sind in Industrienationen investiert. Das ist – gemessen am weltweiten Bruttoinlandsprodukt (BIP) – aber immer noch ein viel zu hoher Wert. Je nach Berechnungsgrundlage machen Schwellenländer aber mittlerweile bis zu 49 Prozent vom globalen BIP aus und waren zwischen 2011 und 2021 für 67 Prozent des weltweiten Wirtschaftswachstums verantwortlich.[6]

Weshalb Emerging Markets in ein Weltdepot gehören

Doch neben der wirtschaftlichen Relevanz gibt es aus Anlegersicht noch zwei weitaus pragmatischere Gründe, weshalb Schwellenländer-Aktien in einem Weltportfolio Sinn machen. Zum einen aufgrund der sogenannten Political-Risk-Prämie. Diese besagt, dass Aktien, die einem hohen politischen Risiko ausgesetzt sind (also vor allem

Schwellenländer-Aktien), langfristig eine höhere Rendite generieren als Aktien, für die das weniger der Fall ist.

Abb. 14 | Performance-Vergleich Emerging Markets vs. Industriestaaten seit 1988

MSCI Emerging Markets vs. MSCI Developed Markets
31. Dezember 1987 bis 30. Dezember 2022

Quelle: Longtermtrends[7]

Mit Blick auf die langfristige Wertentwicklung beider MSCI-Indizes scheint die Political-Risk-Prämie gegeben zu sein. Doch Vorsicht: Die Beimischung der Emerging Markets garantiert deshalb keine Überrendite per se über alle Zeiträume hinweg, vielmehr sind Faktorprämien wie die Political-Risk-Prämie zwar langfristig statistisch identifizierbare Treiber von Rendite und Risiko in einer Assetklasse, können aber durchaus kurz- und mittelfristig negative Ergebnisse generieren. Der eigentliche Witz an der Geschichte ist, dass sie das auch müssen. Denn würden diese Faktorprämien immer funktionieren, würde jeder Anleger auch nur danach handeln, wodurch der Effekt verschwinden würde. Aber dazu gleich mehr. In kürzeren Zeithorizonten wie beispielsweise seit 2010 schneiden Emerging Markets zum Beispiel nicht nur deutlich schlechter ab als Industrienationen, sondern konnten überhaupt keine positive Rendite erzielen:

Abb. 15 | Performance-Vergleich Emerging Markets vs. Industriestaaten seit 2010

MSCI Emerging Markets vs. MSCI Developed Markets

31. Dezember 2009 bis 30. Dezember 2022

Quelle: Longtermtrends[8]

Der zweite Grund: Schwellenländer-Aktien sorgen für eine größere Diversifikation. Im Vergleich zu europäischen und amerikanischen Aktien weisen sie die geringste Korrelation auf (bei einer Korrelation von 1,00 laufen beide Assets identisch):

Abb. 16 | Historische Korrelation zwischen amerikanischen, europäischen und Schwellenländer-Aktien

Name	US-Aktienmarkt	Schwellenländer	Europäische Aktien
US-Aktienmarkt	1,00	0,75	0,84
Schwellenländer	0,75	1,00	0,77
Europäische Aktien	0,84	0,77	1,00

Quelle: portfoliovisualizer.com

Durch eine Beimischung von Schwellenländer-Aktien erhöhen Sie also nicht nur Ihre langfristigen Renditeaussichten, sondern reduzieren gleichermaßen Ihr Risiko.

Wie viele Schwellenländer dürfen es sein?

Wie hoch Ihr persönlicher Schwellenländer-Anteil im Weltportfolio ausfallen soll, hängt nun von Ihrer individuellen Situation ab. Grundsätzlich gilt nämlich: Schwellenländer-Aktien sind volatiler als Aktien aus Industriestaaten. In der folgenden Tabelle habe ich Ihnen deshalb Backtests mit verschiedenen Mischverhältnissen seit 1988 aufgelistet. Die Abkürzung „DM" steht für „Developed Markets", die Abkürzung „EM" für „Emerging Markets".

Abb. 17 | Rendite-Risiko-Kennzahlen bei verschiedenen Allokationen

Aufteilung DM/EM in %	ø Jahres-performance 1988 - 2023	ø Volatilität 1988 - 2023	Sharpe Ratio
90/10	8,61 %	14.95 %	0.56
80/20	8,93 %	15,22 %	0.57
70/30	9,20 %	15,65 %	0.58

Aufteilung DM/EM in %	ø Jahres-performance 1988 - 2023	ø Volatilität 1988 - 2023	Sharpe Ratio
60/40	9,43 %	16,20 %	0.58
50/50	9,61 %	16,88 %	0.57
40/60	9,75 %	17,65 %	0.56
30/70	9,84 %	18,52 %	0.55
20/80	9,89 %	19,46 %	0.53
10/90	9,89 %	20,48 %	0.52

Quelle: portfoliovisualizer.com

Deutlich zu sehen ist: Je mehr Schwellenländer im Weltportfolio beigemischt werden, desto höher fiel in der Vergangenheit die Rendite, aber gleichzeitig auch die Volatilität aus. Spannender ist deshalb der Blick auf die Sharpe Ratio, die uns mehr über die Effizienz jener Mischverhältnisse aufzeigt. Zur Erinnerung: Die Sharpe Ratio, auch Reward-to-Variability-Ratio genannt, gibt an, ob und wie sehr Anleger für das Risiko entlohnt werden. Dabei gilt: Je höher, desto besser. Der „Sweet Spot" scheint also bei einem Mischverhältnis von 70/30 bis 60/40 zu liegen. Wer an dieser Stelle sein Weltportfolio nicht weiter ausdifferenzieren möchte, kann hier gern einen Schlussstrich ziehen. Die typische 70/30-Mischung aus einem MSCI-World- und einem MSCI-Emerging-Markets-ETF ist eine gängige Herangehensweise vieler Privatanleger – vor allem mit längerem Anlagehorizont. Ich persönlich füge hingegen noch eine weitere Faktorprämie hinzu, von der ich mir langfristig eine Renditemaximierung verspreche.

Klein, aber oho

Die Rede ist von der sogenannten Small-Size-Prämie. Diese besagt, dass kleine Unternehmen langfristig die großen Schwergewichte an der Börse outperformen. Ich weiß, es gibt vielleicht keine Faktorprämie, die derart kontrovers diskutiert wird, und vermutlich keine Faktorprämie, die schon häufiger totgesagt wurde. Deshalb lohnt auch hier ein Blick auf die langfristigen Zahlen:

Abb. 18 | Historische Überrenditen der Small-Size-Faktorprämie

Überrendite von Small Caps gegenüber Benchmark

Zeitraum	Anzahl Jahre	Small Size
1975 - 2020	46	3,3 %
1975 - 1994	20	5,4 %
1995 - 2020	26	1,7 %
1975 - 1990	16	7,1 %
1991 - 2000	10	-3,1 %
2001 - 2010	10	6,4 %
2011 - 2020	10	0,5 %

Quelle: Gerd Kommer[9]

Fakt ist: Auch die Small-Size-Prämie scheint sich über längere Zeiträume auszuzahlen. Doch der Teufel liegt hier im Detail, denn wer sich Small Caps über einen passiven Indexfonds in sein Depot holt, bekommt meist auch einen höheren Anteil an Aktien mit niedrigerer Qualität. Eine solche „negative" Prämie kann zu Problemen führen, weil sie die eigentlichen Vorzüge der Faktorprämien egalisieren kann. Die Lösung in diesem Fall sind sogenannte Smart-Beta-ETFs, die nur jene Aktien aufnehmen, die ein oder gleich mehrere (Qualitäts-)Kriterien erfüllen. In diesem konkreten Beispiel wäre dies ein Small-Cap-Value-ETF. Also ein ETF, der auf Aktien mit niedriger Marktkapitalisierung setzt und gleichzeitig einen Value-Filter eingebaut hat. Wie grandios die Kombination der Faktorprämien Small Size und Value funktioniert, wurde nicht zuletzt von den Urvätern des Faktor-Investings Eugene Fama und Kenneth French dokumentiert. In ihrer im Jahr 2018 veröffentlichten Studie „Volatility Lessons" haben die zwei Forscher die Wirksamkeit verschiedener Faktoren oder Kombifaktoren für den US-Aktienmarkt zwischen 1963 bis 2016 getestet und kommen zu einem beeindruckenden Ergebnis: Mit einer durchschnittlichen monatlichen Überrendite von 0,52 Prozent gegenüber dem Markt generierte die Small-Value-Prämie nicht nur die höchste Überrendite der getesteten (Multi-)Faktoren, sondern war dabei statistisch gesehen derart konstant, dass ein Fortbestehen des Faktors mindestens genauso wahrscheinlich ist wie die Tatsache, dass Aktien langfristig höhere Renditen einfahren als kurzfristige Anleihen höchster Bonität (Equity-Prämie).[10]

Einziger Wermutstropfen: In Deutschland gibt es derzeit nur zwei handelbare ETFs, die die Fakten „Small Cap“ und „Value“ miteinander kombinieren – einer mit dem Fokus auf amerikanische Aktien und der andere auf europäische Aktien. Da durch die Beimischung des MSCI-World-ETFs aber ohnehin schon eine Übergewichtung des amerikanischen Aktienmarktes vorliegt, fällt meine Wahl auf den Small-Value-ETF mit Fokus auf europäischen Aktien. Wichtig: Dieser ETF schließt Nicht-Value-Werte nicht kategorisch aus, sondern gewichtet diese nur weniger stark. Das Weltportfolio mit Small Caps kann also mit nur drei ETFs umgesetzt werden:

Abb. 19 | Das Weltportfolio mit Small Caps mit drei ETFs

Name	WKN	Fondsvolumen in Mio. €	Kostenquote (TER) p. a.	Gewichtung
iShares Core MSCI World	A0RPWH	42.531	0,20 %	60 %
Xtrackers MSCI Emerging Markets	A12GVR	4.420	0,18 %	30 %
SPDR MSCI Europe Small Cap Value Weighted	A12HU7	126	0,30 %	10 %

Quelle: justetf.com (Stand: Januar 2023)

Die Zeit als X-Faktor

Um es nochmals zu betonen: Faktorprämien sind keine Garantie für sofortige Überrenditen. In der Historie gab es immer wieder Zeiträume von teilweise mehreren Jahren, in denen Faktorprämien schlechter abgeschnitten haben als der Markt:

Abb. 20 | Anteil von Zeiträumen mit negativen Faktorprämien seit 1927

Anteil von Zeiträumen mit negativen Faktorprämien
(US-Aktienmarkt im Zeitraum von Juni 1927 bis Dezember 2018)

	Equity-Prämie	Small-Size-Prämie	Value-Prämie
1 Jahr	30 %	43 %	39 %
5 Jahre	21 %	37 %	25 %
10 Jahre	15 %	27 %	16 %

Quelle: Gerd Kommer

Die Tabelle zeigt auf, wie hoch der Anteil von verschiedenen Zeiträumen war, in denen die jeweilige Faktorprämie eine niedrigere Rendite als der Markt einfahren konnte. Dabei ist schön zu sehen, dass die Wahrscheinlichkeit zunehmend abnimmt, je größer der Zeithorizont ist. Dennoch ist nicht auszuschließen, dass eine Faktorprämie nach zehn Jahren negativ ist. Allein deshalb macht es Sinn, gleich mehrere Faktorprämien in einem Depot zu kombinieren, um so eine möglichst hohe Diversifikation zu erreichen.

Spannend ist an dieser Stelle noch folgender Chart:

Abb. 21 | Annualisierte Faktorprämien (10 Jahre) nach vorhergehenden 10-Jahres-Zeiträumen mit negativen Faktorprämien seit 1927

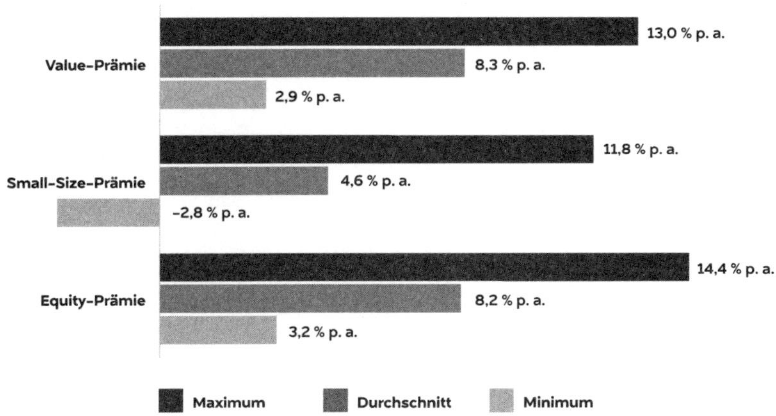

Quelle: Gerd Kommer

Dieser zeigt auf, dass Faktorprämien, nachdem diese in den vorherigen zehn Jahren negativ waren („negativ“ heißt, dass diese schlechter abgeschnitten haben als der Markt und nicht unbedingt, dass sie eine negative Rendite eingebracht haben), historisch gesehen dazu neigen, in den darauffolgenden Jahren besonders stark zu performen.

DAS WELTDEPOT DER ARISTOKRATEN

Wieso dauerhafte Dividendenzahler langfristig zu den attraktivsten Aktien der Welt gehören – und ein zentraler Fixpunkt in Ihrem Depot sein können

Warren Buffett gehört definitiv nicht zu den reichsten Männern der Welt – wenn wir nur das Einkommen berücksichtigen. Das „Orakel aus Omaha" hat seit nunmehr 40 Jahren auch keine Gehaltserhöhung mehr bekommen und darf sich jedes Jahr über einen Gehaltscheck von 100.000 US-Dollar freuen.[1] Ein Bruchteil dessen, was seine CEO-Kollegen im S&P 500 verdienen. Die kommen im Schnitt nämlich auf eine Vergütung von 18,3 Millionen US-Dollar. Buffett selbst verdient nicht einmal das Doppelte eines durchschnittlichen US-Amerikaners.[2] Ein Umstand, den der vielleicht bekannteste Investor aller Zeiten sicherlich verkraften kann, wenn man bedenkt, dass ihm 229.016 A-Aktien und 276 B-Aktien seiner Beteiligungsfirma Berkshire Hathaway gehören.[3] An dieser Stelle sei erwähnt, dass die A-Aktie von Berkshire Hathaway mit einem Preis von über 450.000 US-Dollar (Stand: Oktober 2022) die teuerste Aktie der Welt ist. Und das macht Buffett zum vielleicht größten Dividendenhamster der Welt: 2023 wird seine Beteiligungsfirma vermutlich allein an Dividenden über sechs Milliarden US-Dollar einsammeln.

Besonders herausragend in dieser Hinsicht ist dabei Buffetts ältestes Investment in den Getränke-Giganten Coca-Cola. Seit 1988 ist Buffett nun bereits in Coca-Cola investiert. Laut dem jüngsten Brief an die Berkshire-Aktionäre hat Buffett für die insgesamt 400.000.000 Coca-Cola-Aktien in den über 30 Jahren knapp 1,3 Milliarden US-Dollar gezahlt. Und genau hier beginnt die Magie, die einsetzt, wenn Geduld und steigende Ausschüttungen aufeinandertreffen. Denn Coca-Cola steigert nunmehr schon seit 60 Jahren in Folge seine Dividende und kommt mittlerweile auf eine Ausschüttungshöhe von 1,76 US-Dollar pro Jahr (Stand 2022).[4] Im Umkehrschluss bedeutet das, dass Buffett basierend auf seinem durchschnittlichen Kaufpreis von 3,25 US-Dollar je Aktie eine Dividendenrendite von über 54 Prozent kassiert – und das jedes Jahr. Buffett verdoppelt also alle zwei Jahre den Wert seines Coca-Cola-Investments.

Die Macht der Dividende

Zugegeben, Warren Buffett ist ein gern gesehenes Extrembeispiel, welches in so gut wie keinem Investmentratgeber fehlt. Doch viel wichtiger ist die Lektion, die wir für uns als Privatinvestoren daraus ziehen können – nämlich die Macht der Dividende. Glücklicherweise gibt es in der Kapitalmarktforschung haufenweise Studienmaterial, das die langfristigen Vorzüge von zuverlässigen Dividendenaktien belegt.

Wussten Sie zum Beispiel, dass der Anteil zur Gesamtrendite des S&P 500 langfristig 42 Prozent ausmacht? Ein Blick auf die einzelnen Dekaden zeigt, wie stark dieser Anteil schwanken kann und dass er vor allem in Krisenzeiten einen enormen Anteil ausmachen kann. In den problematischen 70er-Jahren lag der Anteil bei 73 Prozent!

Abb. 22 | Anteil am Aktiengesamtertrag durch Dividenden

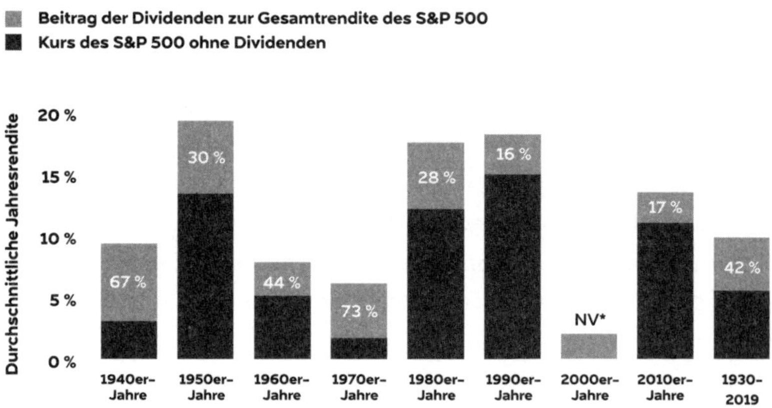

Quelle: Hartford Funds[5]

Eine meiner Lieblingsstudien ist das vielzitierte Paper „The Power of Dividends: Past, Present, and Future“ von Hartford Funds, in der die Studienmacher die Aktien des S&P 500 in sechs Gruppen unterteilen: Unternehmen, die in den letzten zwölf Monaten eine Dividende ausbezahlt haben, und diejenigen, die keine Dividende gezahlt haben[6]. Die Gruppe der Dividendenzahler wurde im zweiten Schritt nochmals in drei Unterkategorien unterteilt: in Unternehmen, die ihre Dividende auf demselben Niveau belassen, gesteigert oder gesenkt beziehungsweise gänzlich gestrichen haben. Die nachfolgende Tabelle zeigt das Ergebnis der unterschiedlichen Aktiengruppen zwischen 1973 und 2021:

Abb. 23 | Rendite-Risiko-Verhältnis verschiedener Aktienkategorien nach Dividendenpolitik

	ø Rendite pro Jahr	Ø Volatilität pro Jahr
Dividende kontinuierlich gesteigert	10,68 %	16,02 %
Dividende gezahlt	9,60 %	16,78 %
Dividende konstant gehalten	7,08 %	18,43 %
Dividende nicht gezahlt	4,79 %	22,02 %
Dividende gekürzt/gestrichen	-0,46 %	24,96 %
Gleichgewichteter S&P 500	8,20 %	17,64 %

Quelle: Hartford Funds

Es ist eindeutig zu sehen, dass jene Unternehmen, die ihre Dividende kontinuierlich steigern konnten, nicht nur langfristig die beste Performance verbuchen, sondern gleichzeitig auch am wenigsten stark schwanken und somit das beste Rendite-Risiko-Verhältnis aller Aktiengruppen in der Studie aufweisen.

Wie bei so vielem, kommt es auch hier auf die Details an und darauf, nicht der Gier zu verfallen. Denn ich sehe noch immer viele Anleger, die bei ihrer Suche nach den besten Dividenden-Investments ihren Schwerpunkt auf die Höhe der Dividendenrendite legen und deshalb langfristig einen Großteil des Potenzials auf der Strecke lassen. Wie fatal dies vor allem in volatilen Zeiten sein kann, offenbart eine weitere Studie von S&P Global.[7] In dieser haben die Analysten die folgenden drei Indizes in einem Langzeitvergleich untersucht: den S&P High Yield Dividend Aristocrats Index, den S&P Composite 1500 Index und den S&P 500 High Dividend Index. Hierbei kam heraus, dass die Dividendenaristokraten – also jene Aktien, die seit mindestens 20 Jahren ihre Dividende kontinuierlich jährlich steigern – im Schnitt den niedrigsten Verschuldungsgrad aufwiesen. Wie wichtig dies ist, zeigen besonders schwierige Marktumfelder, wie zur Finanzkrise oder beim Corona-Crash 2020.

Abb. 24 | Dividendenpolitik in Krisenzeiten

Dividendenmaßnahmen der S&P-500-Unternehmen

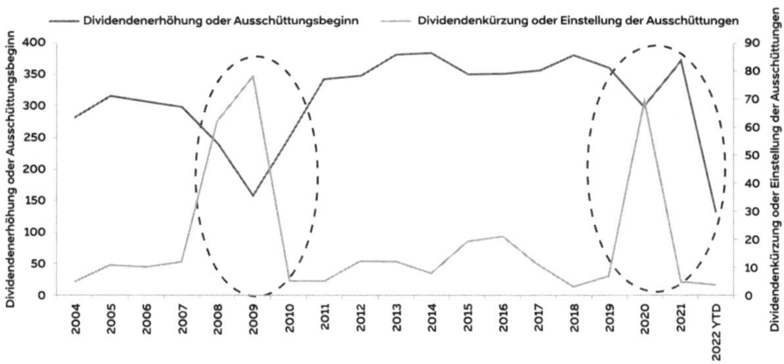

Quelle: S&P Global8

Denn während zwischen 2019 und 2020 über 36 Prozent der Unternehmen im S&P 500 High Dividend Index ihre Dividende kürzten, waren es unter den Aristokraten lediglich 7,2 Prozent. Eine Sicherheit, die Anleger vor allem in volatilen Zeiten zu schätzen wissen, wie die Studie ebenfalls verrät. Zur Beweisführung haben die Forscher die 15 schlechtesten Monate des amerikanischen Aktienmarkts seit 1999 unter die Lupe genommen. Das Ergebnis: Mit einem durchschnittlichen Verlust von 7,3 Prozent schnitten die Dividendenaristokraten deutlich besser ab als der Gesamtmarkt, der im Schnitt 9,6 Prozent verlor. Immer dann, wenn der Volatilitäts-Index (VIX) in einem Monat um über 40 Prozent zulegen konnte, generierten die Dividendenaristokraten durchschnittlich eine Überrendite in Höhe von 0,45 Prozentpunkten.

Aristokraten im Fokus

Glücklicherweise gibt es mittlerweile eine Vielzahl an Dividenden-ETFs, die sich auf ebenjene Dividendenaristokraten fokussieren. Anleger, die auf der Suche nach stetigen Ausschüttungen sind und dennoch einen weltweit gestreuten ETF-Ansatz fahren möchten, können deshalb mithilfe von nur wenigen ETFs ein Weltdepot kreieren, welches ausschließlich aus Dividendenaristokraten besteht. Doch, Vorsicht! Der Begriff „Dividendenaristokrat“ ist nicht geschützt – und wird daher je nach Region und Indexanbieter unterschiedlich definiert. Das beste Beispiel sind die verschiedenen S&P Dividend Aristocrats Indizes, mit der die folgende Strategie umgesetzt werden kann. Die strengste Definition liegt in den USA vor. Hier sind es die besagten 20 Jahre, in der ein Unternehmen seine Dividende steigern muss, um dazuzugehören. Für die Regionen Europa (10 Jahre), Vereinigtes Königreich und Asien-Pazifik (je 7 Jahre) liegt die Messlatte weiter unten. Mit folgenden vier ETFs lässt sich nun ein eigenes Aristokraten-Weltdepot erstellen:

Abb. 25 | Vier ETFs, mit denen man ein Aristokraten-Weltdepot bauen kann

	WKN	Fonds-volumen in Mio. €	Kostenquote (TER) p. a.	Aus-schüttungs-rendite	Gewichtung
SPDR S&P US Dividend Aristocrats	A1JKS0	4.570	0,35 %	2,11 %	50 %
SPDR S&P Euro Dividend Aristocrats	A1JT1B	921	0,30 %	3,57 %	30 %
SPDR S&P Pan Asia Dividend Aristocrats	A1T8GC	123	0,55 %	3,37 %	15 %
SPDR S&P UK Dividend Aristocrats	A1JT1C	125	0,30 %	4,52 %	5 %

Quelle: justetf.com (Stand: Januar 2023)

Jetzt mag ein solches Aristokraten-Weltdepot zwar geografisch breit diversifiziert sein, doch wie sieht es mit Blick auf die Branchen aus? Die überraschende Antwort: Auch hier zeigt sich das Depot breit diversifiziert. Während der europäische Aristokraten-ETF beispielsweise mit 28 Prozent am stärksten im Materialsektor investiert ist, liegt dieser Anteil beim amerikanischen ETF bei lediglich 5,8 Prozent. Im panasiatischen Raum dominieren hingegen Immobilien mit einer Depotgewichtung von fast 24 Prozent, während dieser Sektor beim europäischen Pendant gerade einmal zwei Prozent ausmacht.

Selbstverständlich können Sie bei der Gewichtung ihren eigenen Präferenzen folgen. Eine Übergewichtung amerikanischer Dividendenwerte kann aufgrund der hohen US-Standards an Dividendenaristokraten aber durchaus Sinn ergeben. Alle vier ETFs schütten ihre Dividendenerträge aus. Bei dieser Gewichtung kommt das ETF-Portfolio auf eine Dividendenrendite von insgesamt 2,87 Prozent, ein herkömmlicher ETF auf den MSCI World schafft 1,37 Prozent (Stand: Januar 2023).

Und auch die Studienlage, dass Dividendenwerte vor allem in Krisenzeiten einen erprobten Risikopuffer bilden können, kann das Aristokraten-Weltdepot bestätigen. Denn während der MSCI World im Jahr 2022 insgesamt fast 13 Prozent an Wert verlor, schrumpfte das Aristokraten-Depot um gerade einmal 2,85 Prozent.

Übrigens: Auch wenn Einzelaktien nicht das Thema dieses Buches sind, möchte ich für alle Dividendenjäger eine kleine Empfehlung aussprechen. Wer auf der Suche nach einer verlässlichen und vor allem aktuellen Übersicht der spannendsten Dauerzahler ist, sollte sich den „Dividend Radar" näher anschauen. Fast täglich wird hier eine Excel-Liste aktualisiert, die eine Vielzahl an Dividendenwerten umfasst. Zwar beschränkt sich die Liste auf US-Werte, doch ist die Tiefe der Datenquantität und -qualität beeindruckend. Ein Blick auf die „Dividend Radar"-Liste verrät Ihnen nämlich nicht nur die aktuelle Dividendenrendite und Dividendenserie, sondern gibt Aufschluss über das Gewinnwachstum, diverse Bewertungsmetriken und vieles mehr. Eine dringende Empfehlung für alle Dividendenjäger.

DAS JEDEN-MONAT-DIVIDENDE-DEPOT

Wie Sie sich ein passives monatliches Einkommen mit nur drei Dividenden-ETFs aufbauen können

Apropos Dividendenjäger. Ein treuer Leser eines Magazins, für das ich mehrere Jahre tätig war, schrieb mir häufiger Leserbriefe, wenn ich mal wieder etwas zum Thema Dividenden veröffentlicht hatte, und brachte mich eines Tages auf eine Idee. Und zwar schrieb er mir, dass er sich über die Jahre ein Dividendendepot aufgebaut hätte, welches ihm jeden Monat eine Auszahlung bescheren würde. Die Funktionsweise dahinter ist relativ simpel, denn während deutsche Unternehmen in der Regel nur einmal im Jahr eine Dividende auszahlen, splitten amerikanische Unternehmen ihre Dividendenzahlungen typischerweise auf alle vier Quartale auf. Theoretisch braucht man also nur drei Dividendenaktien, die quartalsmäßig eine Dividende ausschütten und unterschiedliche Ausschüttungsintervalle aufweisen, um sich ein passives Monatseinkommen aufzubauen. Das fand ich spannend. Sehr sogar. Und nach kurzer Recherche war klar, dass das auch mit Dividenden-ETFs geht.

Die Mischung macht's

Wieso ich diese Strategie so charmant finde? Weil Sie eine tolle Ergänzung insbesondere für Arbeitnehmer oder Rentner sein kann, die an einen monatlichen Zahlungsturnus gewöhnt sind. Klar, die Dividendenrendite steigt nicht, nur weil die Ausschüttungen auf insgesamt zwölf Monate aufgesplittet werden, aber es kann für einige Leute in Bezug auf ihre Finanzplanung durchaus attraktiv sein, wenn sie sich auf eine monatliche Ausschüttung verlassen können.

Und genau diese Verlässlichkeit ist neben dem Ausschüttungsturnus der entscheidende Punkt. Denn es gibt eine Vielzahl an ETF-Kombinationen, mit denen Sie theoretisch ein ganzes Jahr mit monatlichen Ausschüttungen füllen können, doch nur wenige ergeben auch wirklich Sinn – wie die folgende Aufteilung:

Abb. 26 | Mit diesem ETF-Depot kassieren Anleger jeden Monat eine Dividende

	WKN	Fonds-volumen in Mio. €	Kosten-quote (TER) p. a.	Aus-schüttungs-rendite	Gewichtung
iShares STOXX Global Select Dividend 100	A0F5UH	2.012	0,46	4,88	33,33
SPDR S&P Global Dividend Aristocrats	A1T8GD	1.127	0,45	4,47	33,33
SPDR S&P US Dividend Aristocrats	A1JKS0	4.570	0,35	2,11 %	33,33

Quelle: justetf.com (Stand: Januar 2023)

Bei der Strategie 02 „Das Weltdepot der Aristokraten“ haben wir bereits über die Vorteile von sogenannten Dividendenaristokraten gesprochen. Diese bilden deshalb auch bei dieser Strategie die Basis und sind Fokus bei zwei der drei ETFs. Ergänzt wird das Trio vom ETF iShares STOXX Global Select Dividend 100. Ein spannendes Produkt und Paradebeispiel dafür, dass man gerade bei ETFs immer auch das Kleingedruckte beachten sollte. Denn im Factsheet ist ausschließlich davon die Rede, dass der ETF einen „direkten Zugang zu 100 Unternehmen mit hoher Dividendenausschüttung“ bietet[1]. Das allein würde den ETF für die genannte Strategie allerdings ausschließen. Erst das KIID macht klar, dass bei der Titelauswahl ebenfalls diverse Qualitätsfaktoren beachtet werden: So investiert der ETF lediglich in Unternehmen, die zum Zeitpunkt ihrer Aufnahme in vier von fünf Kalenderjahren Dividenden gezahlt haben, in den letzten fünf Jahren kein negatives Dividendenwachstum erzielt haben und deren Ausschüttungsquote maximal 60 Prozent (80 Prozent für die Region Asien-Pazifik) beträgt.[2] Dies entspricht zwar nicht ganz den Standards an einen Aristokraten, doch bei einer derart hohen Ausschüttungsrendite können wir an dieser Stelle Abstriche machen. Ohnehin zeigt die Ausschüttungshistorie des

ETFs, dass die Qualitätskriterien greifen: Seit 2013 schüttet der ETF einmal pro Quartal aus – ohne Ausnahme! In der nachfolgenden Tabelle sehen Sie, was ein fiktives Portfolio aus den drei ETFs pro Monat seit 2018 an Dividendenerträgen eingebracht hätte, wenn von jedem ETF genau ein Anteil gekauft worden wäre:

Abb. 27 | Der Depot-Dividendenkalender seit 2018 (Dividende je Stück)

	2018	2019	2020	2021	2022	ETF
Januar	0,16 €	0,17 €	0,20 €	0,19 €	0,27 €	iShares STOXX Global Select Dividend 100
Februar	0,20 €	0,19 €	0,21 €	0,23 €	0,24 €	SPDR S&P Global Dividend Aristocrats
März	0,22 €	0,23 €	0,30 €	0,33 €	0,33 €	SPDR S&P US Dividend Aristocrats
April	0,09 €	0,22 €	0,18 €	0,15 €	0,21 €	iShares STOXX Global Select Dividend 100
Mai	0,26 €	0,23 €	0,32 €	0,26 €	0,26 €	SPDR S&P Global Dividend Aristocrats
Juni	0,24 €	0,27 €	0,28 €	0,30 €	0,34 €	SPDR S&P US Dividend Aristocrats
Juli	0,49 €	0,52 €	0,27 €	0,37 €	0,58 €	iShares STOXX Global Select Dividend 100
August	0,38 €	0,43 €	0,24 €	0,34 €	0,53 €	SPDR S&P Global Dividend Aristocrats
September	0,26 €	0,29 €	0,28 €	0,29 €	0,38 €	SPDR S&P US Dividend Aristocrats
Oktober	0,24 €	0,26 €	0,37 €	0,29 €	0,31 €	iShares STOXX Global Select Dividend 100
November	0,23 €	0,26 €	0,24 €	0,26 €	0,27 €	SPDR S&P Global Dividend Aristocrats
Dezember	0,24 €	0,29 €	0,33 €	0,39 €	0,36 €	SPDR S&P US Dividend Aristocrats
Insgesamt	3,01 €	3,36 €	3,22 €	3,40 €	4,08 €	

Erfreulich ist insbesondere die kontinuierliche Steigerung der Jahresausschüttungen. Zwischen 2018 und 2022 ist die kumulierte Jahresdividende um insgesamt über 35 Prozent gestiegen. Und das in einer äußerst turbulenten Zeit, in der erst die Coronapandemie und wenig später der Ukraine-Krieg samt Mega-Inflation ausbrachen. Und auch in puncto Performance konnte das Jeden-Monat-Dividenden-Depot seine Krisentauglichkeit im Börsenjahr 2022 unter Beweis stellen. Mit einem Plus von 0,60 Prozent schnitt das Portfolio deutlich besser ab als die gängigen Welt-Indizes wie beispielsweise der MSCI World.

DAS PERMANENT-PORTFOLIO

Vier ETFs – mehr braucht es nicht, um auf alles vorbereitet zu sein. Die Details des Permanent-Portfolios von Harry Browne.

„Resilienz“ ist ein geflügeltes Wort in diesen Zeiten. Und das in sämtlichen Bereichen – vor allem an der Börse. Wenn Fondsmanager, Vermögensverwalter oder Privatanleger mit Blick auf ihr Depot von Resilienz sprechen, dann meinen sie das, was Harry Browne vor 20 Jahren mit den Begriffen Sicherheit, Stabilität und Einfachheit ausdrückte, als er über Vorzüge seines Ansatzes sprach, die bis heute nicht wegzudiskutieren sind. Die Rede ist vom „Permanent-Portfolio“, welches er in seinem Bestseller „Fail-Safe Investing“ aus dem Jahr 1999 skizzierte. Darin schrieb er: „Damit das Geld, welches Sie heute anlegen, auch für den Rest Ihres Lebens für Sie sorgen kann, benötigen Sie ein einfaches, ausbalanciertes und diversifiziertes Portfolio. Ich nenne es das Portfolio der Ewigkeit, weil Sie es nie wieder ändern müssen, nachdem Sie es einmal aufgesetzt haben. Nicht einmal, wenn sich Ihre Zukunftsaussichten ändern.“ Also ein Portfolio, welches „jedes Ereignis“ überleben kann. Klingt unmöglich? Ist nach Browne aber „weder kompliziert noch schwierig. Die Lösung ist einfach.“

Doch wie kommt der zweimalige Präsidentschaftskandidat der Libertarian Party (1996 und 2000) dazu, eine solche Strategie bekannt zu machen? Die Geschichte lautet, dass Browne in den 1970er-Jahren durch Spekulationen mit Rohstoffen zwar ein großes Vermögen anhäufen konnte, aber relativ schnell erkannte, dass dies vermutlich nicht von Dauer sei, wenn er seinen Stil nicht grundlegend ändern würde. Dies zeigt, für wen Brownes „Permanent-Portfolio“ infrage kommt: Es geht nämlich nicht um die Renditemaximierung, sondern um den Kapitalerhalt. Und das in jeder Phase eines Konjunkturzyklus.

Für jede Phase geeignet

Konkret definiert Browne vier Phasen. Erstens: die wirtschaftliche Expansion. Also eine Phase, in denen Unternehmen investieren und expandieren, der Zugang zu Krediten unproblematisch ist und der Konsum der Haushalte steigt. Für diese Phase setzt Browne auf Aktien. In seinen Originalausführungen beschränkt sich Browne dabei auf den amerikanischen Aktienmarkt. Sie können aber auch selbstverständlich auf Alternativ-Indizes setzen. Zweitens: die Inflation. Die Phase, in der die großen Geldmengen, die in der ersten Phase geschaffen wurden, nun für einen Preissprung sorgen, während die Wirtschaft zu überhitzen droht. Brownes Favorit? Gold. Drittens: der wirtschaftliche Abschwung. Diese Phase ist durch einen ausgeprägten Mangel an Vertrauen gekennzeichnet, Kredite sind knapp, Konsum und Investitionen gehen zurück. Kurzum: Dem Markt wird Geld entzogen und er schlittert in eine Rezession. Browne vertraut in dieser Phase auf Cash, weil es Investoren ermöglicht, Vermögenswerte von anderen Wirtschaftsakteuren zu niedrigeren Preisen zu kaufen, da diese aufgrund von Liquiditätsengpässen einen höheren Verkaufsdruck spüren. Und viertens: die Deflation. In dieser Phase seien laut Browne vor allem langfristige Anleihen verheißungsvoll.

Die Simplizität des Permanent-Portfolios liegt nun darin, dass Sie als Anleger keine komplexen Gewichtungsmaßnahmen vornehmen müssen, sondern Ihr Kapital zu je 25 Prozent in die vier Assetklassen investieren und jährlich rebalancen. Wieso? Für Harry Browne ist das „Portfolio der Ewigkeit“ die logische Konsequenz aus seiner Skepsis und seiner Klarheit – die Eigenschaften, die Browne am besten beschreiben, wie auch seine „16 goldenen Regeln für finanzielle Sicherheit“ zeigen. Ein Großteil davon zeugt nämlich von genau dieser Haltung: Verluste seien nicht so einfach wieder aufzuholen, Investieren und Spekulieren seien zwei völlig unterschiedliche Dinge, niemand könne die Zukunft vorhersehen oder den Markt timen, kein System funktioniere in der Zukunft genauso gut wie in der Vergangenheit, mache niemals etwas, wovon du nichts verstehst, mache dich niemals abhängig und sei vor steuerlichen Gesetzgebungen gewarnt. Einfach ausgedrückt: Das „Portfolio der Ewigkeit“ ist für jeden Menschen mit einer gesunden Skepsis, der lieber prüft als vertraut und Dinge nicht unnötig kompliziert machen will. Deshalb verzichtete Browne bereits vor der Jahrtausendwende auf komplizierte Methoden, Trades, Portfolio-Umschichtungen oder externe Fondsmanager. Neben dem Cashbestand (25 %) können Sie das Permanent-Portfolio beispielsweise mit folgenden drei ETFs abbilden:

Abb. 28 | Beispiel für Permanent-Portfolio

Name	WKN	Fondsvolumen in Mio. €	Kostenquote (TER) p. a.	Gewichtung
iShares Core S&P 500	A0YEDG	49.639	0,07	25 %
iShares USD Treasury Bond 20+yr	A2JKTZ	846	0,07	25 %
Xetra-Gold	A0S9GB	12.664	0,36	25 %

Quelle: justetf.com (Stand: Januar 2023)

Ja, das mag fast schon zu einfach klingen. Wirklich sexy ist es auch nicht. Und in der Theorie klingt vieles logisch. Doch Brownes „Safety first"-Ansatz funktioniert auch in der Praxis nachweislich.

Stark in der Krise

Das Zauberwort heißt in diesem Fall Korrelation. In der folgenden Tabelle sehen Sie die historische Korrelation der verschiedenen Anlageklassen seit 1972. Ein Wert von 1,00 zeigt dabei einen komplett identischen Performance-Verlauf an. Je niedriger der Wert, desto weniger korrelieren Assets historisch miteinander:

Abb. 29 | Historische Korrelation diverser Assetklassen

	Gold	US-Aktien	Langfristige Anleihen	Cash
Gold	1,00	0,03	0,08	-0,02
US-Aktien	0,03	1,00	0,07	0,02
Langfristige Anleihen	0,08	0,07	1,00	0,07
Cash	-0,02	0,02	0,07	1,00

Quelle: portfoliovisualizer.com

Insgesamt kommt das Permanent-Portfolio so auf eine Marktkorrelation von gerade einmal 0,58 und erfüllt damit genau das Versprechen, welches Browne Anlegern gab: marktunabhängige und damit konstantere Renditen. Denn immer dann, wenn ein Asset eine schlechte Phase in der Vergangenheit hatte, konnte wenigstens ein anderes Asset die Verluste zumindest eindämmen. Im Jahr 2002 beispielsweise, als der US-Aktienmarkt einen Jahresverlust von 22,15 Prozent verbuchte, stieg der Goldpreis zeitgleich um 25,57 Prozent und sorgte mit dafür, dass das Permanent-Portfolio das Jahr mit einer positiven Performance von über fünf Prozent abschließen konnte. Und das ist definitiv kein Einzelfall gewesen. Vor allem in Krisenzeiten zeigt sich die große Stärke des Permanent-Portfolios:

Abb. 30 | Performance-Vergleich des Permanent-Portfolios in Krisenzeiten

	Permanent-Portfolio Max. Drawdown	S&P 500 Max. Drawdown
Asienkrise	-2,31 %	-5,61 %
Russlandkrise	-4,80 %	-15,38 %
Dotcom-Blase	-4,94 %	-44,82 %

	Permanent-Portfolio Max. Drawdown	S&P 500 Max. Drawdown
Finanzkrise	-13,49 %	-50,97 %
Covid-19	-1,63 %	-19,63 %

Quelle: portfoliovisualizer.com

In allen relevanten Krisen konnte der maximale Verlust, den Anleger zwischenzeitlich hinnehmen mussten, drastisch reduziert werden – und damit auch die Zeit, die es im Anschluss gebraucht hat, um die Verluste wieder gutzumachen. Während der S&P 500 beispielsweise 3,5 Jahre nach seinem Tiefpunkt in der Finanzkrise gebraucht hat, um wieder auf dem Vorkrisen-Niveau zu stehen, dauerte dies beim Permanent-Portfolio lediglich elf Monate. Bis auf das Jahr 2022, in dem das Permanent-Portfolio über elf Prozent verlor, lag der maximale Jahresverlust bei 5,47 Prozent.

Mindestens genauso ansehnlich ist der Blick auf mögliche Worst-Case-Szenarien. Was bedeutet das konkret? Stellen Sie sich vor, dass Sie zum denkbar schlechtmöglichsten Einstiegszeitpunkt investiert hätten. Wäre Ihnen das beim S&P 500 passiert, hätten Sie auch nach zehn Jahren noch einen Verlust von 3,51 Prozent verschmerzen müssen. Beim Permanent-Portfolio hingegen wären Sie nach spätestens drei Jahren immer (!) im Plus gewesen – und das seit 1978. Mit einer durchschnittlichen Performance von 7,86 Prozent pro Jahr bei einer Volatilität von 7,16 kommt das Permanent-Portfolio auf ein Sortino-Verhältnis von 0,79 und schneidet somit besser ab als der S&P 500 (0,74).

Raum für Interpretationen

Ein ganz wichtiger Aspekt bei Brownes Ansatz ist jedoch auch die Freiheit, die er Anlegern bei der konkreten Umsetzung seiner Strategie einräumt. Kein Wunder, wenn man seinen politischen Hintergrund berücksichtigt. So kann der Aktienanteil schon mit einem einfachen ETF auf den S&P 500 abgebildet werden. Doch Browne selber soll ein großer Fan davon gewesen sein, einen möglichst breiten Markt abzudecken. In der aktuellen Form der originalen ETF-Strategie, welche auf dem Buch „The Permanent Portfolio“ aus dem Jahr 2012 von Craig Rowland und J. M. Lawson beruht, ist deshalb ein Russell-3000-ETF vorgesehen, der auch etliche Small Caps berücksichtigt. Ein solcher ETF ist in Deutschland jedoch nicht handelbar. Als Alternative können Sie deshalb einen ETF auf den Russell 2000 beimischen, wie beispielsweise den „SPDR Russell 2000 US Small Cap“-ETF (WKN: A1XFN1). Eine internationale Ausrichtung durch einen MSCI-World-ETF ist jedoch genauso denkbar. Und auch beim Cashanteil können Sie je nach Vorliebe variieren. So setzt die Originalstrategie auf ultrakurze US-Staatsanleihen mit einer maximalen Laufzeit von drei Jahren. Solche Treasuries gewähren neben einer hohen Sicherheit in der Regel auch höhere Renditen als beispielsweise ein Tagesgeldkonto in Deutschland. Wer seinen Cashanteil aber lieber liquide auf seinem Konto haben möchte, kann dies auch tun.

Viel wichtiger ist es laut Browne, dass Sie bei Ihrer Geldanlage alles ausblenden, was Sie ohnehin nicht verstehen – das hat seine berechtigten Gründe. „Komplexität tötet Gewinne“, sagte Bowne. Setzen Sie lieber auf Sicherheit, Einfachheit und Stabilität. Rowland und Lawson konkretisieren: „Investieren Sie nur passiv, halten Sie die Kosten gering, nutzen Sie volatile Anlageklassen, um die Gesamtvolatilität zu reduzieren, und erwarten Sie das Unerwartete.“ Wenn Ihnen Resilienz bei Ihrer Geldanlage also wichtiger ist als die langfristig maximale Rendite, bietet Ihnen das Permanent-Portfolio von Harry Browne eine einfache wie kostengünstige Möglichkeit, Ihr Kapital selbst durch die schwierigsten Zeiten zu manövrieren – und das ohne viel Stress. Das jährliche Rebalancing sorgt lediglich dafür, dass in jedem Jahr das Portfolio für alle möglichen Phasen des Wirtschaftszyklus gleichermaßen vorbereitet ist und das Zusammenspiel aus Volatilität und Korrelation optimal genutzt wird.

DAS ALLWETTER-DEPOT

Aktienähnliche Renditen bei minimalem Risiko. So bauen Sie sich das legendäre „Allwetter-Depot" von Ray Dalio mit nur fünf ETFs nach.

Nicht nur die Geldpolitik der Zentralbanken war über Jahre hinweg inflationär, sondern auch, wie wir mit Superlativen umgehen – vor allem an der Börse. In diesem konkreten Fall ist es jedoch keine Übertreibung, wenn wir von einer Legende sprechen: Ray Dalio. Zur Einordnung: 1975 gründete Dalio den Hedgefonds Bridgewater Associates. Heute, 48 Jahre später, ist dieser mit einem verwalteten Vermögen von über 120 Milliarden US-Dollar der größte Hedgefonds der Welt.[1] Doch wer Dalios Erfolg verstehen will, muss in die Tiefe gehen. Wenn Fondsmanager heute ein „positives Alpha" anstreben, dann beziehen sie sich auf Dalio. Wenn Vermögensverwalter einen „niedrigen Beta-Koeffizienten" anpeilen, beziehen sie sich auf Dalio. Denn er war es, der diese Kennzahlen in den 90er-Jahren in das Zentrum seiner Arbeit stellte. Ein Novum zur damaligen Zeit, das zeigt, wie der Hedgefonds-Manager tickt. Es geht ihm nicht um Konventionen, sondern um Unabhängigkeit. Genauer gesagt um marktunabhängige Renditen. Dalio will seinen Kunden auch dann Gewinne bescheren, wenn alle anderen in den Abgrund stürzen. Damit ihm das seit nunmehr Jahrzehnten gelingt, brauchte es aber auch beim Wall-Street-Genie einen „Aha"-Moment.

Dalio widerspricht Nobelpreisträger

Angefangen hat alles mit Harry Markowitz, dem Begründer der Portfoliotheorie, für die er mit dem Wirtschafts-Nobelpreis ausgezeichnet wurde. Laut Markowitz lässt sich die ideale Zusammensetzung eines Portfolios anhand der erwarteten Rendite, des Verlustrisikos und der Korrelation der historischen Kursbewegungen der einzelnen Assets bestimmen. Noch heute gilt dies als die Grundlage des weit verbreiteten 60/40-Portfolios, bestehend aus 60 Prozent Aktien und 40 Prozent Anleihen. Doch Dalio sieht bis heute ein großes Problem: „Das Modell sagt nichts über die inkrementellen Auswirkungen der Änderung einer dieser Variablen oder darüber, wie man damit umgehen sollte, wenn man sich bezüglich dieser

Annahmen nicht sicher ist. Zu diesem Zeitpunkt hatte ich schreckliche Angst davor, was passieren würde, wenn meine Annahmen falsch wären, also wollte ich die Diversifizierung auf sehr einfache Weise verstehen." Deshalb bat er den Mathematiker Brian Gold, einen Chart zu illustrieren, der zeigt, wie die Volatilität eines Portfolios sinken und seine Qualität (gemessen an der Höhe der Rendite im Verhältnis zum Risiko) steigen würde, wenn er schrittweise Anlagen mit unterschiedlichen Korrelationen hinzufügen würde. Das Ergebnis bezeichnet Dalio als den „Heiligen Gral des Investierens". „Dieses einfache Diagramm traf mich mit der gleichen Kraft, die Einstein empfunden haben muss, als er $E = mc^2$ entdeckte: Ich sah, dass ich mit 15 bis 20 guten, unkorrelierten Assets meine Risiken drastisch reduzieren konnte, ohne meine erwarteten Erträge zu verringern." Anders ausgedrückt: Ray Dalio und sein Team konnten auf Basis dieser neuen Erkenntnisse ihre Renditen verfünffachen – und das bei identischem Risiko. Bis zum heutigen Tage bezeichnet Dalio dies als sein „Killersystem".

Abb. 31 | Das Killersystem nach Ray Dalio

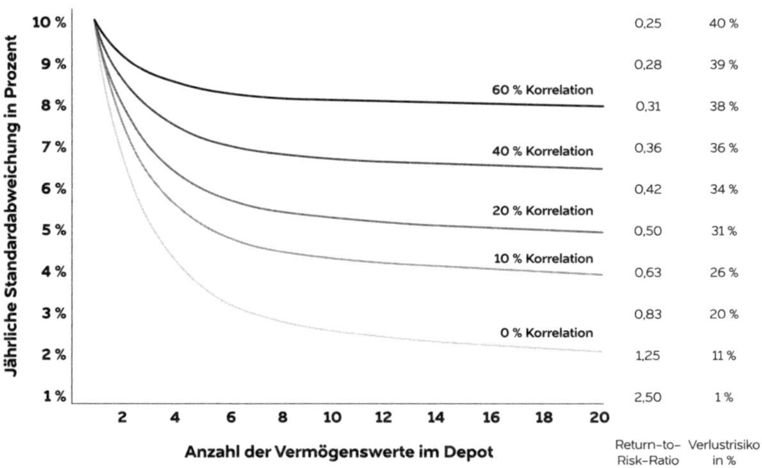

Quelle: Ray Dalio[2]

Das steckt wirklich hinter Beta

Doch wie definiert Dalio Korrelationen, wenn ihm der Blick auf die Vergangenheit nicht ausreicht? Dalio geht hierfür einen Schritt zurück und findet einen ebenso simplen wie genialen Ansatz: Da niemand in die Zukunft sehen kann, braucht es ein Portfolio, das in allen Umfeldern bestehen kann. Denn am Ende seien es eben jene vier Wirtschaftsumfelder, in denen bestimmte Assets nun einmal unterschiedlich performen: Inflation, Deflation, positives Wirtschaftswachstum, negatives Wirtschaftswachstum. Nur wer sein Portfolio gleichgewichtet für alle vier Jahreszeiten ausrichtet, könne langfristig eine möglichst marktunabhängige Rendite erzielen, so Dalio.

Abb. 32 | Die vier Jahreszeiten der Börse nach Ray Dalio

	Marktphase:	
Kurstrend der Anlageklasse:	**Wachstum**	**Inflation**
steigend	**Aktien** **Rohstoffe**	**Rohstoffe**
fallend	**Anleihen**	**Anleihen** **Aktien**
	Risikoprämien und Abzinsungssätze	

Quelle: Ray Dalio

Die gute Nachricht: Dalios Allwetter-Ansatz lässt sich mit nur fünf ETFs nachbauen, was Dalio selbst in einem Gespräch mit Tony Robbins genau beschrieb. Die noch viel bessere Nachricht: Es funktioniert – und das seit Jahrzehnten. Seit 1992 hätte die Allwetter-ETF-Strategie eine durchschnittliche Rendite von 7,26 Prozent pro Jahr gebracht – und das bei einer jährlichen Durchschnittsvolatilität von 7,08 Prozent. Dies entspricht einer Sortino Ratio von 0,95. Zum Vergleich: Der amerikanische Aktienmarkt kommt im selben Zeitraum auf eine Durchschnittsperformance von 9,54 Prozent bei einer mehr als doppelt so hohen Volatilität von 15,33 Prozent (Sortino Ratio von 0,62).[3]

Abb. 33 | Das Allwetter-Depot mit nur 5 ETFs

Name	WKN	Fondsvolumen in Mio. €	Kostenquote (TER) p. a.	Gewichtung
iShares Core S&P 500	A0YEDG	49.405	0,07 %	30 %
iShares USD Treasury Bond 20+yr	A2JKTZ	839	0,07 %	40 %
iShares USD Treasury Bond 3-7yr	A0X8SH	3.762	0,07 %	15 %
Xetra-Gold	A0S9GB	12.664	0,36 %	7,5 %
iShares Diversified Commodity Swap	A2DK6R	1.466	0,19 %	7,5 %

Quelle: justetf.com (Stand: Januar 2023)

Schon das ist beeindruckend, doch wirklich herausragend wird es, wenn man auf die Krisen blickt: Denn während der US-Aktienmarkt im Zuge der Finanzkrise um über 50 Prozent einbrach, waren es beim Allwetter-Depot lediglich zwölf Prozent. Ein Verlust, der bereits nach sieben Monaten wieder aufgeholt war, während der amerikanische Aktienmarkt im Anschluss 37 Monate brauchte. An dieser Stelle kann ich die Seite www.lazyportfolioetf.com empfehlen. Hier finden Sie eine Vielzahl an Rückrechnungen von bekannten Portfolio-Strategien, unter anderem auch von Ray Dalios Allwetter-Portfolio. Die Besonderheit auf dieser Seite ist, dass die Rückrechnungen enorm weit zurückreichen, in diesem konkreten Fall bis ins Jahr 1871. Wie das funktioniert? Die Betreiber simulieren bis zum Start der ETFs die historische Performance mit vergleichbaren Indizes und Datensätzen. Beachtlich ist bei Dalios Ansatz vor allem die Beständigkeit, mit der das Portfolio Renditen generiert. So lag die Gewinnwahrscheinlichkeit seit 1871 nach zwei Jahren Haltedauer bei über 91 Prozent. Selbst bei nur einem Jahr Haltedauer liegt die historische Gewinnwahrscheinlichkeit bei 82,5 Prozent, nach acht Jahren bei 100 Prozent – und das trotz der dramatischen Zustände Ende der 20er-Jahre. Wer im September 1929 in den amerikanischen Aktienmarkt eingestiegen wäre, hätte selbst nach 15 Jahren noch Verluste hinnehmen müssen. Kurzum: Obwohl das Allwetter-Depot lediglich einen Aktienanteil von 30 Prozent aufweist, konnten Anleger im letzten Jahrhundert aktienähnliche Renditen einfahren und ihr Risiko gleichzeitig massiv reduzieren.

Abb. 34 | Rollierende Erträge Allwetter-Depot vs. amerikanischer Aktienmarkt seit 1929

Rollierende Erträge-periode	Worst-Case-Rendite Allwetter-Portfolio in %	Negative Perioden Allwetter-Portfolio in %	Worst-Case-Rendite US-Aktienmarkt in %	Negative Perioden US-Aktienmarkt in %
1 Jahr	–25,0	17,5	–67,9	27,1
2 Jahre	–18,5	8,6	–55,4	19,5
3 Jahre	–12,7	3,1	–43,8	16,0
4 Jahre	–7,4	1,6	–29,4	12,9
5 Jahre	–3,7	1,4	–19,6	10,1

Rollierende Erträge-periode	Worst-Case-Rendite Allwetter-Portfolio in %	Negative Perioden Allwetter-Portfolio in %	Worst-Case-Rendite US-Aktienmarkt in %	Negative Perioden US-Aktienmarkt in %
6 Jahre	-1,3	0,2	-13,4	5,9
7 Jahre	0,0	0,1	-9,5	4,2
8 Jahre	1,4	0,0	-7,9	3,2
9 Jahre	1,7	0,0	-7,2	2,5
10 Jahre	1,9	0,0	-5,3	2,9
11 Jahre	2,1	0,0	-4,6	2,1
12 Jahre	2,1	0,0	-3,8	1,8
13 Jahre	0,3	0,0	-4,3	1,5
14 Jahre	2,2	0,0	-1,5	1,1
15 Jahre	2,3	0,0	-0,4	0,1

Wichtig: Dalio beschränkt sich beim ETF-Ansatz auf Produkte mit amerikanischem Fokus. Sowohl der Aktien- als auch der Anleiheteil sind ausschließlich mit amerikanischen Wertpapieren gefüllt. Das vorgestellte ETF-Depot und die Rückrechnung basieren ebenfalls auf dieser Grundlage. In der Praxis wird dieser Amerika-Fokus von einigen Experten durchaus kritisch gesehen. Deshalb gilt auch hier der Grundsatz, dass das Allwetter-Depot mehr Inspirationsbasis als strikte Vorgabe ist. Selbstverständlich können Sie das Konstrukt anpassen und zum Beispiel statt eines ETFs auf den amerikanischen S&P 500 einen Welt-ETF wählen.

„Beta" war nie wichtiger

Im Krisenjahr 2022 hat Dalio die Wichtigkeit eines Allwetter-Portfolios noch einmal betont.[4] „Wenn wir uns die heutigen Bedingungen ansehen, war es noch nie so wichtig, ein ausgewogenes Beta zu halten. Die größten Schwachstellen typischer Portfolios sind ein sinkendes Wachstum und eine steigende Inflation, und die Wahrscheinlichkeit einer solchen Kombination – Stagflation – ist unserer Meinung nach so hoch wie seit 100 Jahren nicht mehr", so skizziert Dalio ein Umfeld, auf das die meisten Investoren nicht vorbereitet seien.

Ein wichtiger X-Faktor dürfte laut Dalio in Zukunft die EZB werden: „Für ein Allwetter-Portfolio ist die Schlüsselfrage, was mit den Risikoprämien und Abzinsungssätzen geschehen wird, und ein Hauptfaktor dafür wird sein, wie aggressiv die Zentralbanken in Zeiten steigender Inflation und einer schwachen Wirtschaft die Geldpolitik straffen werden", sagt er. „Eine Straffung, die schneller erfolgt als von den Märkten erwartet, würde allen Vermögenswerten schaden, aber es kommt sehr darauf an, um wie viel schneller", so Dalio und verweist auf eine Analyse, die er und sein Team angefertigt haben. Hierfür haben die Experten bis in die 60er-Jahre zurückgeblickt und sich alle Phasen angeschaut, in denen eine Straffung der Geldpolitik während einer steigenden Inflation vorkam. Das Ergebnis: Während der Straffungsphase erzielte der Allwetter-Ansatz im Schnitt eine Rendite von null Prozent, während ein klassisches 60/40-Portfolio – Sie erinnern sich an Markowitz – im Schnitt minus zwei Prozent einbrachte. In den jeweils zwölf Monaten nach dieser Phase zeigt sich die Überlegenheit des Allwetter-Ansatzes aber noch viel deutlicher, denn während ein 60/40-Depot in dieser Zeit rund zwei Prozent im Durchschnitt einbrachte, waren es beim Allwetter-Depot ganze elf Prozent. Als eindrucksvollstes Beispiel führt Dalio die 70er-Jahre an. Während Anleger in dieser Dekade mit einem globalen 60/40-Portfolio sogar leichte Verluste eingefahren haben, konnte sich Dalios Allwetter-Mix im Wert mehr als verdoppeln. Ähnlich überlegen zeigt sich Dalios Ansatz in Phasen steigender Zinsen. Hierfür blickt Dalio auf die Phasen 1946 und 1981 zurück, in denen die Anleiherenditen auf bis zu 15 Prozent anstiegen. Während ein 60/40-Depot in dieser Zeit eine durchschnittliche Jahresrendite von 3,5 Prozent eingefahren hätte, steht Dalios Allwetter-Ansatz bei 6,5 Prozent.

Zusammengefasst: Mehr muss nicht immer besser sein. Nutzen Sie die Arbeit und die Erkenntnisse aus den letzten 50 Jahren von einem der größten Finanzstrategen aller Zeiten. Setzen Sie auf Qualität statt Quantität und bauen Sie sich mit fünf ETFs ein Portfolio, welches vielleicht nicht sonderlich spektakulär ist, aber genau deshalb langfristig so gut ist und Ihnen ruhige Nächte beschert, selbst wenn es an den Aktienmärkten donnert und blitzt.

DAS „GOLDENER SCHMETTERLING"-DEPOT

Ein ausgewogenes Multi-Asset-Portfolio, das mit alten Börsenweisheiten bricht und scheinbar „perfekt" ist? Die Hintergründe.

Kennen Sie Tyler? Vermutlich nicht. Denn das ist auch gar nicht das Ziel des Kopfes hinter dem „Goldener Schmetterling"-Portfolio – oder dem „perfekten Portfolio", wie er selbst manchmal schreibt. Und genau dieses Selbstbewusstsein hat mich von Anfang an hellhörig werden lassen. Woher nimmt ein No-Name dieses Selbstbewusstsein, mit dem er behauptet, dass es sich bei seiner Methode um eines der besten risikoadjustierten Portfolios handle, die es überhaupt gibt, und damit in direkte Konkurrenz zu beispielsweise Dalios legendärem „Allwetter-Depot" oder Harry Brownes ikonischem „Permanent-Portfolio" tritt? Die einfache Antwort: Weil er es sich erlauben kann. Die ausführliche Antwort: Weil er all diese Portfolios und noch viel mehr über Jahre intensiv studiert hat und eine der beeindruckendsten Plattformen im Internet geschaffen hat, die ebenjene Portfolios auf die Probe stellen. Die Rede ist von portfoliocharts.com – längst mehr als nur ein Geheimtipp in der Szene. Dort können Sie als Anleger nahezu in Echtzeit die verschiedensten Portfoliostrategien miteinander vergleichen und erhalten detaillierte Insights zur Performance, aber vor allem auch zur Risikoneigung. Selbst einen potenziellen Entnahmeplan kann Tylers Software simulieren.

Und wenn man die großen Multi-Asset-Strategien dieser Welt auf der Plattform miteinander vergleicht, kommt man – Sie ahnen es bereits – an Tylers Schmetterlingsdepot eben nicht vorbei. „Der Goldene Schmetterling vereint die berühmte Beständigkeit des Permanenten Portfolios nach Harry Browne mit den Wachstumsraten von weitaus offensiveren Optionen. Mit der nur engen Bandbreite von Wachstumspfaden, die für künftige Schätzungen hilfreich sind, und potenziell besonders hohen Entnahmeraten ist es eine besonders zuverlässige Portfolio-Option, die sowohl für langfristige Investoren als auch für Rentner geeignet ist", fasst Tyler den Grundgedanken hinter seinem Ansatz zusammen.

Alles auf Anfang

Konkret bedeutet das Folgendes: Tyler unterteilt sein Portfolio in die drei Teile eines Schmetterlings, die jeder Privatanleger ganz unkompliziert mit ETFs nachbauen kann. Der linke Flügel ist der Aktienanteil. Hier schwört Tyler in der Originalfassung auf eine möglichst breite Streuung innerhalb des amerikanischen Aktienmarkts, beispielsweise durch einen ETF auf den S&P 500. Er verweist jedoch darauf, dass lokale Anpassungen möglich sind. Ich empfehle deshalb, noch einen Schritt weiterzugehen und auf einen „MSCI ACWI IMI"-ETF zu setzen. Also den Einzel-ETF, der im Aktienuniversum die breiteste Streuung sicherstellt, weil neben Schwellenländer-Aktien ebenfalls noch Unternehmen mit niedrigerer Marktkapitalisierung enthalten sind. 99 Prozent der globalen Marktkapitalisierung deckt dieser ETF ab. Der andere Aktienteil konzentriert sich auf Small Caps mit Value-Potenzial. Auf den Seiten zur Strategie 01 „Weltportfolio mit Small Caps" haben wir bereits den Sinn der Small-Size-Prämie anhand von historischen Daten besprochen. Zur Erinnerung: Über einen langen Zeithorizont gilt die Kombination aus Small Size und Value als eine der attraktivsten Faktorprämien.[1]

Der rechte Flügel besteht aus Anleihen. Hier vertraut Tyler auf eine Mischung aus US-Treasuries mit kurzer und langer Laufzeit. Zusammengehalten wird das Konstrukt vom Schmetterlingskörper, bestehend aus Gold. Alle fünf Assets werden mit je 20 Prozent gleichgewichtet. Skeptiker könnten einwerfen, dass das nicht sehr spannend klingt, in Teilen sogar wenig rational. „Der Goldene Schmetterling ist sicherlich unintuitiv und widerspricht der konventionellen Investitionsweisheit. Insbesondere Gold wird zum Kapitalaufbau von den meisten Investoren gemieden. Small-Cap-Werte sind umstritten. Kurzfristige Staatsanleihen scheinen bei den derzeitigen Zinssätzen eine Verschwendung zu sein", weiß Tyler um die Kritik.

Doch genau dies sei die Crux und vor allem die versteckte Stärke des Portfolios. „Eine der größten mentalen Hürden, die es bei der Untersuchung der Asset-Allokation zu überwinden gilt, ist der Sirenengesang der maximalen Rendite. Niemand mag das Gefühl, potenzielles Geld auf dem Tisch liegen zu lassen. Kombiniert man dies mit ein paar akkuraten, aber aus dem Zusammenhang gerissenen historischen Daten, falschen Interpretationen von Annahmen und ‚Allgemeinwissen', das die Details ausblendet, ergibt sich in den meisten Anlagekreisen eine starke Neigung zum Aktienmarkt", führt Tyler weiter aus. Sätze wie „Der Aktienmarkt bringt langfristig am meisten Rendite" oder „Mehr Risiko, mehr Ertrag" seien zwar weit verbreitet und implizierten, dass eine Erweiterung des Portfolios um Nichtaktien auch die Rendite schmälern müsse und dass die damit einhergehende Aktienvolatilität der unvermeidliche Preis sei, den man für bessere langfristige Renditen zahlen würde — doch sie seien „schlichtweg unzutreffend", lautet das Fazit Tylers.

Spektakulär – erst auf den zweiten Blick

Ohnehin sei es gar nicht sein Anspruch, den Markt zu schlagen, stellt Tyler klar. Ihm geht es darum, mit einem möglichst einfachen „Buy and Hold"-Portfolio ohne große Komplexität langfristig ähnliche Renditen einzufahren wie der Aktienmarkt und dabei deutlich weniger Risiko einzugehen. Der Goldene Schmetterling ist seine Antwort. Und die ist sehr gut, wie die Historie eindrucksvoll unter Beweis stellt. So fuhr Tylers Strategie in der Originalfassung seit 1978 im Schnitt eine Rendite von 9,5 Prozent pro Jahr ein, und das bei einer jährlichen durchschnittlichen Volatilität von gerade einmal 8,4 Prozent. Der S&P 500 hingegen performte mit durchschnittlich 11,3 Prozent zwar leicht besser, war mit einer Volatilität von 15,3 Prozent aber fast doppelt so riskant wie Tylers Strategie. Historisch kommt das Portfolio somit auf ein Sortino-Verhältnis von 0,94, während der amerikanische Aktienmarkt auf einen Wert von 0,74 kommt (Stand Januar 2023).

Gekonnt durch die Krise

Wo diese Stärke genau liegt, zeigt ein Blick auf die großen Krisen der jüngeren Vergangenheit. Während der Dotcom-Blase konnte der maximale Drawdown im Vergleich zum Aktienmarkt mit dem Goldenen Schmetterling um 37 Prozentpunkte reduziert werden. In der Finanzkrise waren es 36 Prozentpunkte und im Corona-Flashcrash 13,6 Prozent. Viel Geld, aber vor allem auch viel Zeit, die Anleger sich sparen, um die Verluste der Vergangenheit wieder aufzuholen. Es hat seinen Grund, warum nicht zuletzt Warren Buffett als Investmentregel Nummer 1 definierte: „Verliere niemals Geld!" Dahinter steckt auch die pure Logik der Mathematik. Nach dem gigantischen Absturz des amerikanischen Aktienmarkts von 50 Prozent während der Finanzkrise war eine Rally von 100 Prozent nötig, um diese Verluste wieder aufzuholen.

Abb. 35 | Crash-Drawdown-Vergleich Schmetterling vs. amerikanischer Aktienmarkt

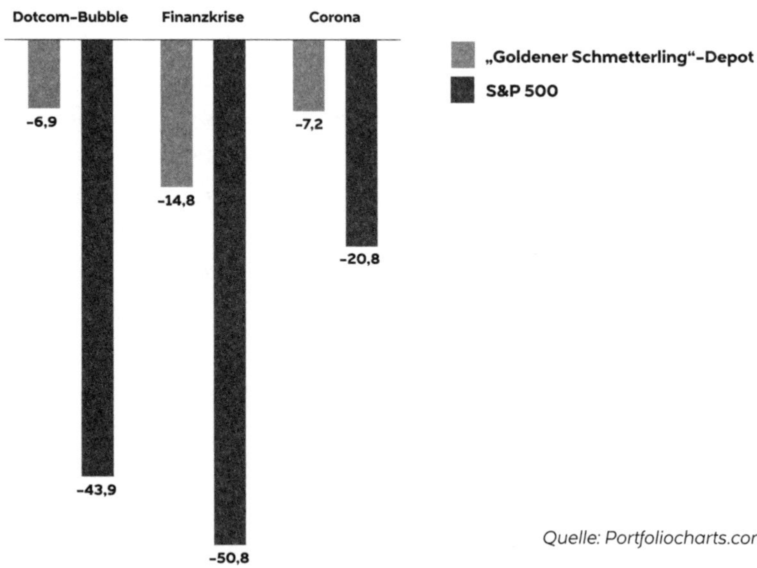

Quelle: Portfoliocharts.com

Abb. 36 | Rollierende Erträge des Schmetterlingsdepots im Worst Case seit 1972

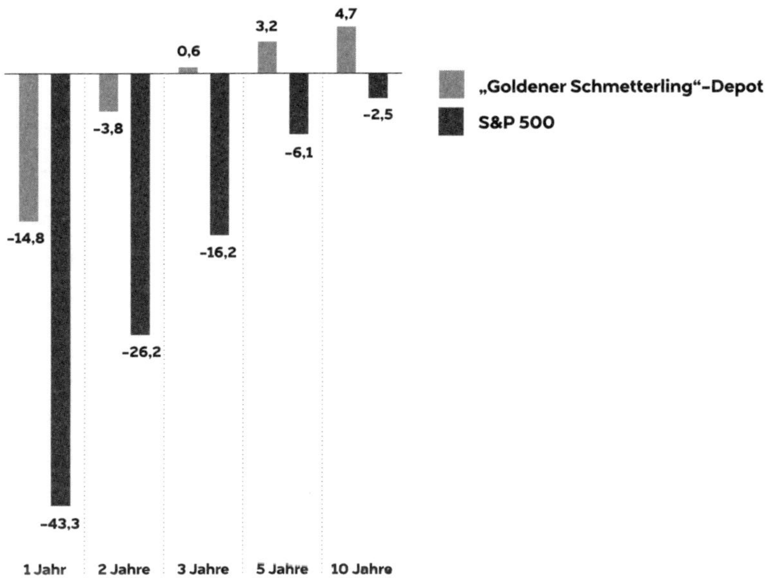

Quelle: Portfoliocharts.com

Wie langwierig ein solcher Weg sein kann, zeigt der direkte Vergleich. Angenommen, Sie wären zwischen 1972 und 2022 zum denkbar schlechtesten Zeitpunkt in Tylers Schmetterlingsdepot eingestiegen, dann hätten Sie trotzdem spätestens nach drei Jahren eine Rendite von 0,6 Prozent eingefahren. Beim amerikanischen Aktienmarkt hingegen stand im Worst-Case-Szenario nach zehn Jahren immer noch ein Verlust von 2,5 Prozent zu Buche! Beim Schmetterlingsdepot war nach zehn Jahren hingegen immer noch ein Minimalgewinn von 4,7 Prozent drin. Im Durchschnitt konnten Anleger nach zehn Jahren ihr Investment mit dem Schmetterlingsdepot fast verdoppeln. Zusammengefasst: Mission abgeschlossen! Tylers Schmetterlingsdepot hält, was es verspricht. Anleger finden mit dieser simplen Multi-Asset-Allokation ein mehr als solides Grundgerüst, welches sie durch jede Marktphase bringt, in Krisen besonders stark ist, aber gleichzeitig ebenfalls vom langfristigen Aufwärtspotenzial des Aktienmarkts profitiert.

Was ist schon perfekt?

Was Tyler damit aber vor allem zeigt, ist die teils ideologisch geführte Diskussion über vermeintlich richtige und falsche Anlagestrategien. Das Schmetterlingsdepot ist so etwas wie ein herrlich unkonventioneller Gegenentwurf zur immer größer werdenden Gruppe der Anleger, die in einer Aktienquote von 100 Prozent den einzig richtigen Weg zum langfristigen Vermögensaufbau sehen, aber dabei einen ganz entscheidenden Aspekt vergessen: den Menschen und seine Gefühlslage. Denn selbst die vermeintlich beste Strategie ist nur so lange gut, wie sie durchgehalten wird. Gerade das Börsenjahr 2022 zeigt aber doch, wie schwer es ist, einen kühlen Kopf zu bewahren, wenn das Aktiendepot tief im Minus steht. Insbesondere wenn man keinen jahrzehntelangen Anlagehorizont hat. Das Schmetterlingsdepot berücksichtigt diesen Aspekt. Es wirkt wie eine Beruhigungspille, wenn an der Börse ein Unwetter wütet. Es strebt nicht nach dem Maximum an Rendite, sondern nach dem Maximum an Konstanz. Es ist darauf ausgelegt, in jeder Marktphase zu funktionieren.

Besonders spannend für Sie als Privatanleger: Tyler selbst hat das Portfolio in der Vergangenheit leicht angepasst und ermutigt jeden, das Portfolio frei nach eigenen Vorstellungen zu gestalten. In der Tabelle finden Sie fünf ETFs, mit denen Sie das Basisdepot nachbauen können:

Abb. 37 | Fünf ETFs für den Goldenen Schmetterling

Name	WKN	Fondsvolumen in Mio. €	Kostenquote (TER) p. a.	Gewichtung
SPDR MSCI ACWI IMI	A1JJTD	439	0,40 %	20 %
SPDR MSCI USA Small Cap Value Weighted	A12HU5	287	0,30 %	20 %
iShares USD Treasury Bond 1-3yr	A2DN9Z	3.554	0,07 %	20 %
iShares USD Treasury Bond 20+yr	A2JKTZ	846	0,07 %	20 %
Xetra-Gold	A0S9GB	12.664	0,36 %	20 %

Quelle: justetf.com (Stand: Januar 2023)

Wie bereits erwähnt, empfehle ich, für einen Teil des Aktienflügels einen ACWI IMI Index zu verwenden, um das amerikanische Klumpenrisiko zu minimieren. Denkbar ist auch eine Beimischung weiterer Assets.

In der Szene sorgt dabei vor allem eine Variante für hitzige Diskussionen: das „Goldener Schmetterling"-Depot mit Bitcoin. Der Ansatz: Von den 20 Prozent, die in Gold investiert sind, werden fünf Prozent in Bitcoin umgeschichtet. Die Idee dahinter ist spannend: Die Bitcoin-Zukunftsfantasie trifft auf die Robustheit des Schmetterlingsdepots. Eine Symbiose? Aktuell ist dies noch schwer zu sagen. Die Rückrechnung zeigt, dass ein solches Portfolio seit 2014 eine durchschnittliche Rendite von 12,3 Prozent pro Jahr eingefahren hätte, bei einer Volatilität von 12,3 Prozent. Der S&P 500 kommt auf eine durchschnittliche Jahresrendite von 10,4 Prozent und eine Volatilität von 15,3 Prozent. Auch der maximale Drawdown des Schmetterling-

Bitcoin-Depots fällt geringer aus. Insgesamt schafft es das Depot so auf eine Sortino Ratio von 2,0. Das ist herausragend. Heißt für Sie: Rendite und Risiko müssen nicht zwangsläufig miteinander verknüpft sein. Der Goldene Schmetterling von Tyler macht es möglich – ohne Weisheiten, dafür mit fundiertem Wissen.

DER NORWEGISCHE STAATSFONDS

Bundesregierung aufgepasst! Norwegen zeigt, wie aktienbasierte Altersvorsorge funktioniert. So können Sie das Erfolgsprinzip heute schon für sich nutzen.

Laut dem World Happiness Report zählen Norweger zu den glücklichsten Menschen der Welt.[1] Sie fragen sich, woran das liegen könnte? Vermutlich am Vermögen. Denn streng genommen ist jeder Norweger Kronen-Millionär. 2,42 Millionen Kronen – über 100.000 Euro – könnte die norwegische Regierung theoretisch jedem der über fünf Millionen Einwohner ausbezahlen.[2] Möglich macht das der staatliche Pensionsfonds Norwegens, der größte Staatsfonds der Welt. Seit 1996 steckt Norwegen seine Öleinnahmen in diesen Fonds. „Unser Prinzip ist einfach: Wir tauschen unser Öl und Gas gegen internationale Unternehmensbeteiligungen", erklärt Björn From, Investmentdirektor im Osloer Finanzministerium. Doch der Weg dorthin war lang. 1969 wurde eines der größten Offshore-Ölfelder der Welt vor Norwegen entdeckt – der Ölboom vor der Küste des Landes begann. Doch schon relativ früh wurden Stimmen laut, die Erträge langfristig im Ausland anzulegen, um das Land auch für die kommenden Generationen unabhängiger vom eigenen Ölgeschäft zu machen. 1996 erfolgte die erste Einzahlung auf den Fonds. Bis 1998 legte dieser das Kapital aber ausschließlich in Staatsanleihen an, bis im ersten Halbjahr 1998 rund 40 Prozent in Aktien umgeschichtet wurden. Heute beträgt der Aktienanteil 72 Prozent. Anleihen sind mit 25,4 Prozent vertreten. Klingt nicht sonderlich spannend – soll es auch gar nicht sein. Die Attraktivität der Norwegen-Strategie steckt im Detail.

Das Maximalprinzip der Norweger

Ich habe in diesem Buch bereits einige – teils legendäre – Investoren vorgestellt. Warren Buffett darf natürlich in keinem Ratgeber fehlen. Ray Dalios Allwetter-Strategie ebenso wenig. Es sind Namen, die Sie alle kennen. Menschen, die vermutlich nicht einfach so an der Wall Street einen Kaffee trinken könnten, ohne erkannt zu werden. Aber sagt Ihnen der Name Nicolai Tangen etwas? Vermutlich nicht. Als Chef des norwegischen Staatsfonds ist Tangen jedoch für über 1,1 Billionen Euro verantwortlich. Dimensionen, die selbst Buffett oder Dalio erblassen lassen.

Wie legt man also 1,1 Billionen Euro an, wenn davon die finanzielle Stabilität eines ganzen Landes abhängt? Zur Erläuterung: Zwar kann die norwegische Regierung jedes Jahr nur einen kleinen Teil des Fonds ausgeben, der aber immer noch fast 20 Prozent des Staatshaushalts ausmacht. Haushaltsüberschüsse werden dem Fonds zugeführt, während Defizite mit Geldern aus dem Fonds gedeckt werden. Mit anderen Worten: Die Behörden können in schlechten Zeiten mehr und in guten Zeiten weniger ausgeben. Damit der Fonds auch in Zukunft möglichst vielen Menschen zugutekommt, hat sich die norwegische Regierung auf eine fiskalische Regel geeinigt, die sicherstellt, dass nicht mehr ausgegeben wird als der erwartete Ertrag des Fonds. Im Durchschnitt soll die Regierung nur den Gegenwert der realen Rendite des Fonds ausgeben, die auf rund drei Prozent pro Jahr geschätzt wird. Auf diese Weise fließen die Öleinnahmen nur schrittweise in die Wirtschaft ein. Gleichzeitig wird nur die Rendite des Fonds ausgegeben, nicht aber das Fondskapital.

Das Credo der Norweger lautet dabei: maximale Diversifikation. Wie bereits beschrieben, legen die Norweger ihr Kapital zu 72 Prozent in Aktien an. Genauer gesagt in über 9,338 Unternehmen in 65 Ländern auf der ganzen Welt. Insgesamt hält der Fonds rund 1,3 Prozent aller weltweit gelisteten Unternehmen. Besonders fällt auf, dass die Norweger deutsche Unternehmen zu favorisieren scheinen:

Abb. 38 | Die größten Aktienpositionen des norwegischen Staatsfonds in Deutschland

Name	Investitionshöhe in NOK	Anteil am Unternehmen
Vonovia	42.007.330.768	11,12 %
SAP	29.076.111.652	1,89 %
Siemens	27.731.487.066	2,13 %
Allianz	17.359.678.679	2,04 %
Deutsche Telekom	15.099.157.773	1,85 %
Infineon	13.886.933.293	2,60 %
Deutsche Post	13.766.817.605	1,96 %
Adidas	12.897.103.747	2,64 %
Bayer	10.491.663.386	2,27 %
Volkswagen	9.438.956.187	1,06 %

Quelle: Norwegischer Staatsfonds

Die Tabelle verdeutlicht die Ausmaße des norwegischen Staatsfonds. Dieser ist mit über elf Prozent am Immobilienkonzern Vonovia beteiligt, bei SAP sind es knapp 1,9 Prozent und selbst am Automobil-Giganten Volkswagen halten die Norweger ein Prozent. Schon allein dieser Umstand zeigt, dass die Norweger trotz maximaler Diversifikation ganz bewusst Akzente setzen, was eine Nachbildung durch ETFs durchaus komplex, aber nicht unmöglich macht. Denn ein Blick auf das detaillierte Zahlenwerk gibt Aufschluss darüber, in welche Regionen die Norweger besonders involviert sind.

Abb. 39 | Geografische Allokation des norwegischen Staatsfonds vs. MSCI ACWI IMI

Markt	Norwegischer Staatsfonds Anteil	MSCI ACWI IMI Anteil
Nordamerika	46,4 %	63,6 %
Europa	29,2 %	16,1 %*
Asien und Ozeanien	21,7 %	9,1 %
Schwellenländer	11,2 %	11,2 %

*Quelle: Norwegischer Staatsfonds & MSCI *EMEA*

Mit Blick auf die geografische Allokation wird schnell klar, dass der Aktienanteil des Norwegen-Portfolios nicht einfach mit einem ACWI-IMI-ETF abzubilden ist. So ist der amerikanische Anteil beim norwegischen Staatsfonds deutlich reduziert, während Europa und Asien stärker gewichtet sind. Wichtig: Beim MSCI ACWI IMI beziehen sich die 16,1 Prozent auf den EMEA-Wirtschaftsraum. Dieser schließt neben Europa noch den Nahen Osten und Afrika mit ein.

Im empfehle daher, den Aktienanteil des Norwegen-Depots mit speziellen Regionen-ETFs abzubilden, um möglichst nah an das Original zu kommen. Das gesamte Beispiel-ETF-Portfolio samt Gewichtung und weiteren Anlageklassen zeige ich Ihnen am Ende der Strategie. Vorab beleuchten wir noch die weiteren Anlageklassen genauer.

Anleihen in jeglicher Form

Weitere 25,4 Prozent des Anlagevolumens investieren Tangen und sein Team in Anleihen. Über 66 Prozent sind davon Staats- oder staatsähnliche Anleihen, beispielsweise von der Kreditanstalt für Wiederaufbau. Auffällig: Im Bereich der Staatsanleihen setzen die

Norweger fast ausschließlich auf Anleihen aus Industriestaaten. Laut norwegischer Rechtsprechung dürfen nur maximal fünf Prozent der Staatsanleihen aus Schwellenländern kommen. Insgesamt weisen 98,8 Prozent der Anleihen im Portfolio mindestens ein BBB-Rating auf. Weitere 24 Prozent am gesamten Anleihen-Portfolio steuern Unternehmensanleihen bei. Und auch hier gilt: Quantität ja – aber nur wenn die Qualität gegeben ist. Mindestens 95 Prozent der Unternehmensanleihen müssen laut Gesetz ein Investment Grade aufweisen.

Weitaus konzentrierter agieren Tangen und sein Team auf dem Immobilienmarkt, der aktuell rund 2,5 Prozent vom Gesamtvolumen ausmacht. Anders als beispielsweise im Aktien-Portfolio, ist der Staatsfonds lediglich in 14 Industriestaaten aktiv und beschränkt sich auf Gewerbeimmobilien. Seit 2021 ist der Fonds auch noch in einer weiteren Anlageklasse aktiv. Im April 2021 gab der Fonds den Kauf von 50 Prozent des Windparks Borssele 1 & 2 in den Niederlanden für knapp 1,4 Milliarden Euro bekannt. Zwar macht dies aktuell lediglich 0,1 Prozent vom Gesamtvolumen aus – die norwegische Regierung hat sich jedoch bereits eine Obergrenze von zwei Prozent gesetzt. Liest man die grundsätzlichen Nachhaltigkeitsbestrebungen des Fonds, wird klar, dass der Anteil in den kommenden Jahren weiter steigen könnte.

Diversifikation mit Erfolg

Das selbst erklärte Ziel: Der Fonds ist bestrebt, eine möglichst hohe langfristige Rendite bei einem akzeptablen Risiko zu erzielen. Bislang scheint genau das aufzugehen: Bis zum Ende des ersten Halbjahres 2022 erhielt der Fonds einen Nettozufluss von insgesamt 3.265 Milliarden Kronen, während die kumulierte Rendite des Fonds 6.327 Milliarden Kronen betrug.

Zwischen dem 1. Januar 1998 und dem Ende des ersten Halbjahres 2022 hat der Fonds eine jährliche Rendite von 5,81 Prozent erzielt. Die reale jährliche Nettorendite des Fonds beträgt 3,62 Prozent. 2022 war erst das zweite Jahr in der Geschichte des Fonds, das mit einem zweistelligen Verlust abgeschlossen wurde.

Abb. 40 | Jährlicher Ertrag des norwegischen Staatsfonds seit Gründung

Jahresrenditen und durchschnittliche kumulierte Jahresrenditen
in Prozent

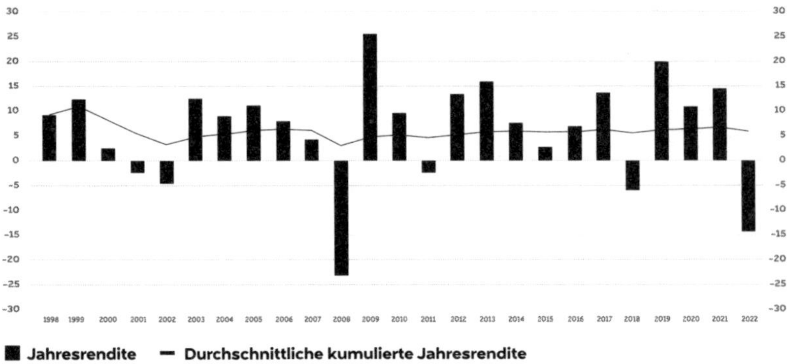

Quelle: Norwegischer Staatsfonds[3]

Abb. 41 | So können Anleger sich das Norwegen-Depot mit ETFs nachbauen

AKTIEN	WKN	Fondsvolumen in Mio. €	Kostenquote (TER) p. a.	Gewichtung
iShares MSCI North America UCITS ETF	A0J201	883	0,4 %	30 %
iShares STOXX Europe 600	263530	5.797	0,2 %	20 %
Lyxor MSCI Pacific	ETF114	234	0,45 %	15 %
iShares MSCI EM	A0HGWC	3.469	0,18 %	8 %
ANLEIHEN				
Xtrackers II Global Government Bond	DBX0A8	815	0,25 %	17 %
iShares Global Corporate Bond	A1J0YD	1.023	0,20 %	6 %
IMMOBILIEN				
iShares Developed Markets Property Yield	A0LEW8	1.259	0,59 %	2,5 %
ERNEUERBARE ENERGIEN				
Global X Renewable Energy Producers	A2QPB6	3	0,50 %	1,5 %

Quelle: justetf.com (Stand: Januar 2023)

DER YALE-STIFTUNGS-FONDS

Die Yale-Universität steht nicht nur für Bildung der Extraklasse, sondern verfügt auch über einen Stiftungsfonds, der seinesgleichen sucht.

Was haben George W. Bush, Hillary Clinton, Bill Clinton, Paul Krugman und Meryl Streep gemeinsam? Sie alle sind Absolventen der weltbekannten Yale-Universität.[1] 52 Nobelpreisträger hat die Eliteuniversität hervorgebracht.[2] Gleich fünf US-Präsidenten haben hier in den legendären Bibliotheken für ihre Prüfungen gelernt.[3] Seit 1982 unterrichtet auch Robert James Shiller an der Universität – kein Unbekannter, der auch in diesem Buch bei einer anderen Strategie noch eine entscheidende Rolle spielen wird. Kein Wunder, dass eine Vielzahl junger, ambitionierter Menschen in den Genuss solcher Vorlesungen kommen und von den Besten lernen wollen. Doch dies ist nur einer kleinen Elite vergönnt. Allein im Jahr 2022 bewarben sich knapp über 50.000 Menschen für ein Studium, nur 4,6 Prozent wurden angenommen.[4] Und selbst wer die Zusage erhält, steht vor einer weiteren Hürde – den Kosten. Auf der Homepage gibt die Universität eine grobe Zusammenfassung dessen, womit Studenten und deren Eltern pro Jahr rechnen müssen. Aktuell addieren sich die Kosten auf über 84.000 US-Dollar. Und selbst das reicht nicht einmal aus, um die Gesamtkosten der Universität zu decken, wie die Universität selbst verkündet. Denn die beste Bildung, die man sich nur vorstellen kann, kostet Geld: weltberühmte Dozenten, das beste technische Equipment – sowohl im Hörsaal als auch in den Laboren und Forschungsanstalten. Auf jeden Dozenten kommen in Yale gerade einmal sechs Studenten.[5] Wir sprechen von einem Milliardenkosmos.

Und an genau dieser Stelle kommt der Stiftungsfonds der Yale-Universität ins Spiel. Die jährlichen Erträge aus ebenjenem Fonds sind nämlich der entscheidende Faktor, dass die Universität nicht nur das Bildungsniveau derart hochhalten kann, sondern das Studium auch für junge, talentierte Menschen ermöglicht, deren Eltern keine Millionäre sind. 2021 trug der Stiftungsfonds mit über 1,4 Milliarden US-Dollar rund 33 Prozent zum operativen Gesamtbudget der Universität bei. Ein Bruchteil des Gesamtvolumens des Stiftungsfonds – dieses beträgt mittlerweile 41,4 Milliarden US-Dollar. 1985 waren es noch eine Milliarde US-Dollar.[6] Was ist in der Zwischenzeit passiert?

David Swensen – das Genie im Schatten

Diese beispiellose Erfolgsgeschichte ist vor allem mit einem Namen eng verknüpft: David F. Swensen. Der Mann, der den Fonds seit 1985 leitete und bis 2021 eine durchschnittliche Rendite von 13,7 Prozent einfuhr.[7] Herausragend! 2022 verstarb Swensen infolge einer Krebserkrankung. Seine Grundsätze und sein überaus erfolgreicher Investmentstil werden aber sicherlich unter seinem Nachfolger Matt Mendelsohn fortgeführt werden. Doch beginnen wir am Anfang.

Denn als Swensen den Stiftungsfonds im Jahr 1985 im zarten Alter von 31 Jahren übernahm, war er bereits ein kleiner Star an der Wall Street und Senior Vice President bei Lehman Brothers. Was viele nicht wissen: Er gilt sogar als Erfinder des sogenannten Währungs-Swaps. Mit Portfolio-Allokationen hatte er aber zum damaligen Zeitpunkt kaum Berührungspunkte. Dementsprechend groß sollen seine Zweifel gewesen sein – ungeachtet der Gehaltseinbußen von 80 Prozent. Dennoch nahm er die Stelle an und holte sich nur ein Jahr später seinen Freund Dean Takahashi mit ins Boot. Swensen war nämlich klar, dass er grundlegend etwas ändern musste. Zum damaligen Zeitpunkt waren rund 80 Prozent des Stiftungsvermögens in US-Aktien, US-Anleihen und Cash angelegt. Das gefiel ihm gar nicht. Gemeinsam entwickelte das Zweiergespann ein Portfolio, welches im Vergleich zu nahezu jedem Portfolio-Konstrukt, das ich kenne, so erfrischend anders ist, dass das Yale-Portfolio in diesem Buch auf keinem Fall fehlen darf. „Das Risiko, anders zu sein“, wie Swensen selbst einst sagte, ging er gern ein. Dementsprechend exotisch ist die Asset-Allokation des Stiftungsfonds bis heute:

Abb. 42 | Asset-Allokation des Stiftungsfonds

Assetklasse	Anteil 2020 in %	Zielvorgabe in %
Venture Capital	22,6	23,5
Absolute Return	21,6	23,5
Leveraged Buy-outs	15,8	17,5
Cash & Anleihen	13,7	7,5
Aktien ex USA	11,5	11,75
Immobilien	8,6	9,5
Natürliche Rohstoffe	3,9	4,5
Aktien USA	2,3	2,25

Quelle: Yale Endowment

Vorab: Allein an der Tabelle wird deutlich, was ich mit „erfrischend anders" meine. Doch in diesem Fall ist das keinesfalls nur Selbstzweck. Kontinuität war, ist und wird immer den größten Stellenwert innerhalb der Yale-Methode haben. Dadurch, dass die Universität rund ein Drittel ihres operativen Jahresbudgets durch den Stiftungsfonds finanziert, muss dieser kontinuierliche Renditen einbringen – auch in Krisenzeiten. Eine marktunabhängige Rendite ist demnach immer genau das gewesen, wonach Swensen gestrebt hat. Zugegeben, dies macht eine Abbildung durch ETFs um ein Vielfaches schwieriger – doch allein der überragende Track-Rekord der Swensen-Strategie zeigt, dass es sich lohnen kann.

Beginnen wir also beim derzeitigen Löwenanteil, dem Venture-Capital und Leveraged Buy-outs. Das Risikokapitalprogramm von Yale, eines der ersten seiner Art, gilt als eines der besten in der Riege der institutionellen Investoren. Die Universität verfügt über eine unvergleichliche Beziehung zu Managern, bedeutende Marktkenntnisse und ein umfangreiches Netzwerk. Ein Luxus, denn wer bereits vor dem eigentlichen Börsenstart einer Firma investiert ist, der räumt am Ende am meisten ab. So investierte Swensen bereits in der Anfangsphase in Google und LinkedIn. Die schlechte Nachricht: Sie als Privatanleger können nicht auf ein solches Netzwerk zugreifen. Die gute Nachricht: Das müssen Sie auch nicht! Beispielsweise mit dem „iShares Listed Private Equity"-ETF erhalten Sie Zugang zu den größten und liquidesten Private-Equity-Aktien aus Nordamerika, Europa und Asien-Pazifik.

Ebenfalls wichtig in Swensens-Methode: absolute Return-Strategien. Vielleicht der heikelste Punkt für ETF-Investoren. Für Swensen war es seit jeher wichtig, eine marktunabhängige Rendite zu erzielen. Er setzt dabei zu großen Teilen auf Hedgefonds, die auch in schwierigen Marktphasen eine positive Rendite erwirtschaften können. Dass das auch nach hinten losgehen kann, erfuhr die Universität in der Finanzkrise. Zwischen 2008 und 2009 verlor der Yale-Fonds mehr als 20 Prozent an Wert. Langfristig stimmt die Performance dieser Anlageklasse jedoch: Zwischen 2000 und 2020 generierte das Teil-Portfolio im Schnitt 8,1 Prozent pro Jahr. Auf ETF-Ebene ist dieser Ansatz jedoch kaum zu replizieren. Als einer der wenigen Möglichkeiten auf dem ETF-Markt bietet sich der „Xtrackers Portfolio Income"-ETF an. Dieser investiert wiederum hauptsächlich ebenfalls in ETFs und kann die Gewichtung zwischen den Assetklassen so flexibel variieren. Der Aktienanteil rangiert dabei zwischen 15 bis maximal 30 Prozent. Anleihen machen mindestens 60 und maximal 85 Prozent aus. Rohstoffe sind hingegen auf maximal 10 Prozent gedeckelt.

Eine der größten Leistungen Swensens war es, den Anteil heimischer Aktien zu reduzieren. Sein Credo lautet: Je breiter aufgestellt, desto besser. Hier ist es für ETF-Anleger deutlich leichter, diesen Ansatz nachzubauen. Für den amerikanischen Aktienanteil reicht ein S&P-500-ETF. Spannend wird es jedoch im Bereich der ausländischen Aktien. Hier setzt die Yale-Universität nämlich vorrangig auf

Emerging Markets (6,5 Prozent Zielvorgabe) und nicht auf Industrienationen (5,25 Prozent Zielvorgabe).

Was die Immobilien-Investments angeht, kommuniziert die Universität keine Details. Lediglich, dass diese Anlageklasse zwischen 2000 und 2020 rund 8,3 Prozent Rendite pro Jahr eingebracht hat. Deutlich mehr kann da der Bereich „Natürliche Rohstoffe" auftischen: Hier liegt die durchschnittliche Rendite bei 13,6 Prozent. Konkret sind dabei Investments in Öl, Gas, Waldgebiete und Landwirtschaft gemeint. Neben bekannten Energie-ETFs wie dem „iShares Oil & Gas Exploration & Production"-ETF können Anleger hier auch auf Nischen-ETFs auf die Holz- und Forstwirtschaft wie den „iShares Global Timber & Forestry"-ETF setzen.

Abb. 43 | Den Yale-Stiftungsfonds mit neun ETFs nachbauen

Name	WKN	Fonds-volumen in Mio. €	Kostenquote (TER) p. a.	Gewichtung
Xtrackers Portfolio Income	A1C1G8	71	0,65 %	23,5 %
iShares Listed Private Equity	A0MM0N	821	0,75 %	41 %
iShares Core S&P 500	A0YEDG	49.198	0,07 %	2,25 %
iShares STOXX Europe 600	263530	5.827	0,2 %	5,25 %
iShares Core MSCI Emerging Markets	A111X9	14.681	0,18 %	6,5 %
iShares Core Global Aggregate Bond	A2DWBL	2.104	0,10 %	7,5 %
VanEck Global Real Estate	A1T6SY	224	0,25 %	9,5 %
iShares Oil & Gas Exploration & Production	A1JKQL	373	0,55 %	3,0 %
iShares Global Timber & Forestry	A0M59G	189	0,65 %	1,5 %

Quelle: justetf.com (Stand: Januar 2023)

Übrigens: Das Fiskaljahr endet beim Yale-Stiftungsfonds zwar immer im Sommer, doch der Wertzuwachs im Fiskaljahr 2022 in Höhe von 0,8 Prozent ist eine besondere Erwähnung wert. Insbesondere deshalb, weil die Fonds anderer Eliteuniversitäten allesamt deutlich im Minus waren.[8]

Abb. 44 | Performance-Vergleich der Universitätsfonds in den USA im Jahr 2022

Renditen von Universitätsfonds, Geschäftsjahr 2022

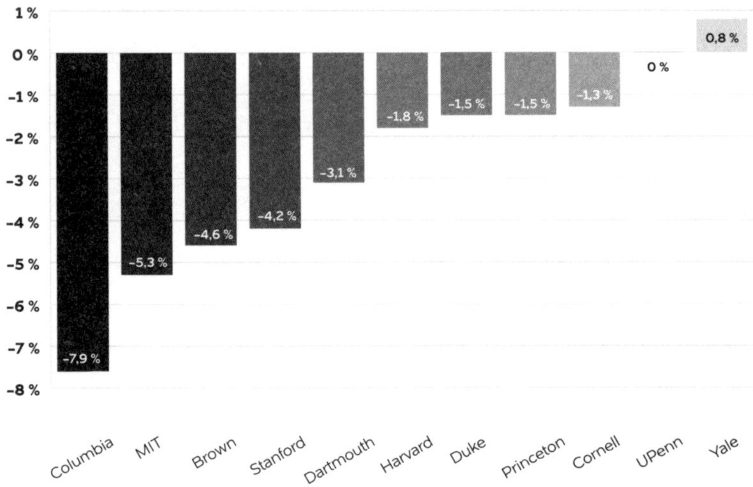

Quelle: yaledailynews.com

TIMING MIT DER 200-TAGE-LINIE

Niemand schlägt „Buy and Hold" langfristig? Falsch! Die Wissenschaft liefert den Beweis, dass Timing funktioniert. Wie Sie Ihr Kapital verdoppeln, während andere leiden.

Timing-Strategien sind ein heikles Thema. Kaum eine Fragestellung spaltet die Finanz-Experten derart stark. Sicherlich kennen Sie alte Börsenweisheiten wie „Hin und Her macht Taschen leer“ oder im Amerikanischen das Wortspiel „Don't time the markets. Have time in markets.“ Die Message der Skeptiker ist dabei stets dieselbe: Niemand ist langfristiger schlauer als der Markt und demnach kann eine Timing-Strategie auf Dauer nicht funktionieren. Wenn Sie auch zu dieser Fraktion gehören und sich partout auf keine weitere Diskussion einlassen wollen, sind Sie wohl nach acht unterschiedlichen „Buy and Hold“-Strategien am Ende dieses Buches angelangt. Wenn Sie jedoch jemand sind, der an Timing glaubt oder zumindest offen dafür ist, werden Ihnen die folgenden Strategien sicherlich gefallen. Denn eines ist klar: Timing-Strategien sind sicherlich die spektakuläreren Strategien. Es ist mehr los. Bedeutet aber gleichzeitig, dass Sie mehr gefordert sind. Ein jährliches Rebalancing reicht nicht aus. Ich werde Ihnen im zweiten Teil des Buches – wenn man es denn in „Buy and Hold“ und Timing aufteilen möchte – verschiedene Ansätze zeigen, die ihre Anwender unterschiedlich stark fordern. Doch beginnen wir am besten bei den Basics.

Die gute Nachricht für alle Verfechter des Timings ist nämlich: Es wurde in diversen Studien belegt, dass regelbasierte Timing-Strategien funktionieren, sofern sie auf einer fundierten Methodik basieren. Meine absolute Lieblingsstudie – ja fast schon Grundlagenforschung zu dem Thema – stammt dabei von den Finanzprofessoren der State University in San Francisco Todd Feldman, Alan Jung und Jim Klein, trägt den schönen Namen „Buy and Hold Versus Timing Strategies: The Winner Is ...“ und liefert handfeste Beweise statt großer Versprechen, wieso es definitiv möglich ist, den Markt auch über einen langen Zeitraum zu schlagen und dabei gleichzeitig die Volatilität zu minimieren. Und noch viel wichtiger: Jeder kann es schaffen. Auch Sie!

Hierfür ließen die Wissenschaftler gleich sieben Timing-Strategien zwischen 1970 bis 2012 gegen den amerikanischen Leitindex S&P 500 antreten und stellten fest, dass sechs dieser Strategien höhere Renditen generierten als der Markt. Klingt vielversprechend, doch das allein qualifiziert nicht jede Methode automatisch zur Gewinnerstrategie. Ein Plan ist nämlich nur dann gut, wenn er auch durchgezogen wird. Ich möchte Ihnen deshalb zwei Strategien aus der Studie genauer vorstellen, die drei Kriterien erfüllen: a) sie generierten über den Zeitraum die höchsten Überrenditen, b) gerade in Krisenzeiten konnten sie das Risiko reduzieren und c) sie sind leicht und günstig mit ETFs umzusetzen. Den Anfang macht dabei die 200-Tage-Linie-Strategie (SMA200). Alles, was Sie dazu brauchen, sind ein ETF auf den S&P 500, wie beispielsweise den von iShares (WKN: A0YEDG) mit einer Gesamtkostenquote von nur 0,07 Prozent im Jahr und ein Tagesgeldkonto (in der Originalstudie wurden 3-Month Treasury Bills verwendet, also ultrakurzläufige Staatsanleihen in den USA).

Das Regelwerk der 200-Tage-Strategie ist schnell erklärt: Schließt der Index am Ende des Handelstags über dem 200-Tage-Durchschnitt, ist das Kapital zu 100 Prozent im Aktienindex investiert, schließt der Index unter dem 200-Tage-Durchschnitt, wandert das Geld komplett auf das Tagesgeldkonto. Über den Zeitraum von 43 Jahren erzielten Anleger so 11,09 Prozent Rendite im Jahr und schlugen den S&P 500 (10,01 % p. a.) somit um über einen Prozentpunkt jährlich. Skeptiker werfen ein, der Aufwand würde sich nicht lohnen. Die Daten zeigen jedoch: Gerade in volatilen Zeiten ist die Strategie unschlagbar. Das macht sie unter den aktuellen Gesichtspunkten besonders attraktiv. In den 2000er-Jahren – also in den zehn Jahren mit der Dotcom-Blase und der großen Finanzkrise 2008 – fiel der amerikanische Aktienmarkt im Schnitt um ein Prozent jährlich. Mit der 200-Tage-Strategie erwirtschafteten Anleger hingegen knapp acht Prozent im Jahr. Das entspricht einem gesamten Wertzuwachs von 115 Prozent, während „Buy and Hold"-Veteranen kräftig Kapital verbrannten.

Andere und vor allem neuere Simulationen bestätigen die Ergebnisse der Finanzforscher. Eine Rückrechnung auf portfoliovisualizer.com zwischen Januar 1985 und Dezember 2022 zeigt, dass die jährliche Durchschnittsrendite der Timing-Strategie anhand des S&P 500 mit 10,03 Prozent zwar leicht unter der „Buy and Hold“-Variante liegt (10,92 Prozent), aber dafür deutlich weniger volatil ist (11,71 Prozent zu 15,34 Prozent). Das Rendite-Risiko-Verhältnis ist somit deutlich optimiert.

Abb. 45 | Drawdown-Historie im Vergleich zu „Buy and Hold“

Simulation des 200-Tage-Linie-Modells

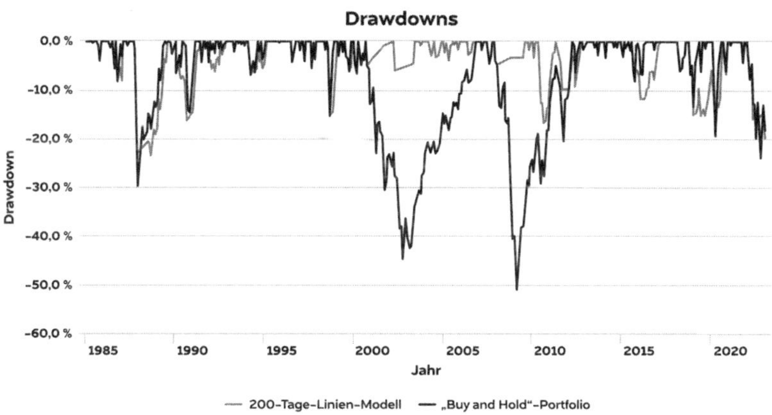

Quelle: portfoliovisualizer.com

In dieser Grafik sehen Sie, wie stark die Drawdowns in Krisenzeiten reduziert werden konnten und durch das Timing die Handbremse gezogen wurde. In der Finanzkrise konnten Anleger so ihre Verluste auf gerade einmal 4,86 Prozent reduzieren, während der S&P 500 über 50 Prozent verlor. Dasselbe gilt für die Dotcom-Blase zur Jahrtausendwende – auch hier konnten die Verluste dank des Timings auf knapp über sechs Prozent minimiert werden. Für den Index ging es im Anschluss noch ganze 38 Prozentpunkte weiter nach unten.

Abb. 46 | Rollierende Erträge seit 1985

Rollierende Renditen (Jan. 1985 bis Dez. 2022)

Rollierender Zeitraum	Gleitender Durchschnitt			„Buy and Hold“		
	Durchschnitt	Hoch	Tief	Durchschnitt	Hoch	Tief
1 Jahr	10,90 %	52,00 %	-23,52 %	12,33 %	56,19 %	-43,32 %
3 Jahre	9,95 %	32,68 %	-3,42 %	11,06 %	32,68 %	-16,14 %
5 Jahre	9,94 %	23,69 %	1,83 %	10,70 %	28,49 %	-6,73 %
7 Jahre	9,97 %	18,66 %	3,74 %	10,38 %	21,51 %	-3,94 %
10 Jahre	10,23 %	15,40 %	5,78 %	10,09 %	19,37 %	-3,51 %
15 Jahre	9,99 %	14,27 %	7,19 %	8,93 %	18,68 %	3,64 %

Quelle: portfoliovisualizer.com

Heißt im Umkehrschluss: Wer weniger verliert, ist schneller wieder im Plus. Nach fünf Jahren waren Anleger so immer im Plus – selbst zum denkbar schlechtesten Einstiegszeitpunkt. Bei einer herkömmlichen „Buy and Hold“-Strategie war dies im Worst Case nicht einmal nach zehn Jahren der Fall.

Die 200-Tage-Linie funktioniert überall

Und die Strategie funktioniert nicht nur in den Staaten, sondern nahezu überall. Für europäische Aktien fällt das Ergebnis im Vergleich zum „Buy and Hold“-Ansatz sogar noch deutlich besser aus. Die Sortino Ratio konnte hier zwischen 1992 und 2022 von 0,47 auf 0,71 erhöht werden. Ein hypothetisches Investment von 10.000 Euro wäre in diesem Zeitraum mit der Timing-Methode auf insgesamt 86.023 Euro angewachsen, während es mit „Buy and Hold“ nur 75.381 Euro sind. Das mit Abstand beste Ergebnis liefert die 200-Tage-Timing-Strategie jedoch in den Emerging Markets. Dank der Timing-Methode hätten Anleger seit 1996 doppelt so viel Rendite erzielt und dabei ihr Risiko noch zusätzlich dramatisch reduziert.

DIE LEI-METHODE

Neben der 200-Tage-Methode (Strategie 09) liefert die Studie eine weitere Timing-Methode, die langfristig sogar noch besser performt. Die Basis: der LEI.

Die zweite Strategie, die die Forscher Todd Feldman, Alan Jung und Jim Klein in ihrer Studie „Buy and Hold Versus Timing Strategies: The Winner Is ...“ hervorheben, ist langfristig sogar die erfolgreichste aller getesteten 1-Faktor-Methoden. Bei dieser Methode ist nicht die 200-Tage-Linie entscheidend, sondern der sogenannte Conference Board Leading Economic Index – kurz LEI. Dieser prognostiziert anhand von zehn verschiedenen Kategorien die zukünftige wirtschaftliche Verfassung der Vereinigten Staaten. Hierzu werden beispielsweise die Arbeitslosenzahlen, der Durchschnittsverdienst, die Auftragszahlen der Unternehmen, Baugenehmigungen, die Geldmenge M2 und viele weitere Faktoren gemessen. Weitere Details und den aktuellen Punktestand finden Sie auf www.conference-board.org.

Auch hier gilt das Motto „Aktien oder Tagesgeld“: Fällt der LEI drei Monate in Folge, wird das Kapital auf dem Konto geparkt, steigt der Index drei Monate in Folge, wandert das Geld in den Aktienmarkt. Im Schnitt erzielten Anleger so pro Jahr sogar 1,66 Prozentpunkte mehr Rendite als der S&P 500. Kurzum: 100 Euro Startkapital im Jahr 1970 wären mit der LEI3-Strategie bis 2012 auf 11.515 Euro angewachsen, der S&P-500-ETF kommt auf ein Endkapital von vergleichsweise ernüchternden 6.000 Euro.

In der Krise stark

Als eindrucksvolles Beispiel für die Wirkung der LEI3-Strategie als Krisenschutz dient die Finanzkrise 2008. Trotz vereinzelter Rücksetzer im März, Mai und September 2005 blieb die Strategie bis zum Sommer 2006 weiterhin bullish und setzte auf Aktien – nach drei Rücksetzern des LEI in Folge im April, Mai und Juni erfolgte dann der Wechsel auf das Tagesgeldkonto. Dort blieb das Kapital drei Jahre bis zum Juli 2009, nachdem in den drei Monaten zuvor der LEI erstmalig wieder dreimal in Folge zulegen konnte. Zwischen dem Ausstieg 2006 und dem Wiedereinstieg 2009 blieben Timing-Strategen so Kursverluste von fast 31 Prozent erspart. Das Horrorjahr 2008 wurde elegant umgangen. Neben der höheren Rendite und der verringerten Volatilität gegenüber dem amerikanischen Aktienmarkt ist die LEI3-Strategie noch aus einem ganz anderen Grund besonders attraktiv für Anleger. Über den gesamten Zeitraum von 43 Jahren wurde das Kapital nur 13-mal umgeschichtet. Das entspricht gerade mal einem Wechsel alle 40 Monate. Die 200-Tage-Strategie ist mit 59 Wechseln über dem gesamten Zeitraum ein wenig arbeitsintensiver. Insgesamt ist aber auffällig, dass beide Strategien mehrheitlich auf Aktien setzen. 77 (LEI) beziehungsweise 67 (200-Tage-Linie) Prozent der Zeit war das Kapital im S&P 500 investiert. Der kurze Zeitraum, in der beide Strategien lieber auf Nummer sicher gingen, war also tendenziell nicht der schlechteste Moment für diesen Schritt. So bleibt also eine Frage im Raum stehen: Wo ist der Haken? Die Antwort: Es gibt keinen.

Mehr noch, das Faszinierende an der 200-Tage-Strategie und der LEI-Strategie ist, dass man diese wunderbar kombinieren kann. Die Idee dahinter ist simpel: Eine LEI-Strategie, die bereits nach einem Monat mit veränderter Tendenz das Kapital umschichten würde, hätte mit 12,12 Prozent zwar knapp die höchste Rendite aller 1-Faktor-Strategien erzielt, doch Anleger hätten alle vier bis fünf Monate ihr Kapital umschichten müssen – ein zu großer Aufwand. Deshalb kombinierten die Forscher beide Strategien miteinander, um die Anzahl der Umschichtungen zu reduzieren und die Rendite möglichst hoch zu halten. Ein Wechsel des Investments fand nur noch dann statt, wenn beide Faktoren das jeweilige Signal sendeten.

Das verblüffende Ergebnis: Nicht nur die Anzahl der Umschichtungen wurde von insgesamt 111 auf 43 reduziert und entsprach damit nur noch einer Umschichtung pro Jahr. Auch die Rendite erreichte mit durchschnittlich 12,77 Prozent jährlich den höchsten Wert aller getesteten Strategien. Unter dem Strich erreichten Anleger mit der

LEI1/SMA-200-Strategie noch mal einen Prozentpunkt mehr Rendite pro Jahr als mit der besten 1-Faktor-Strategie.

Mit 100 Euro hätten Anleger in 43 Jahren so ein Endkapital von 17.551 Euro erreicht – das sind über 11.500 Euro mehr als ein einfacher S&P-500-ETF. Und damit fast das Dreifache an Gewinn, den „Buy and Hold“-Verfechter erzielt hätten.

TIMING MIT HEBEL

Wie Sie mit Hebel-ETFs langfristig den Markt schlagen – ohne Extrarisiko! Die Hintergründe einer spektakulären Strategie.

Was würden Sie machen, wenn ich Ihnen sagen würde, dass Sie mit einer relativ einfachen Strategie seit Oktober 1928 mit einem Start-Investment von 10.000 US-Dollar heute der mit Abstand reichste Mensch der Welt mit einem Vermögen von über 28 Billionen (!) Dollar wären? Sie würden dieses Buch vermutlich sofort weglegen und sich seriöseren Informationsquellen widmen. Die Crux: Es stimmt wirklich. Als ich auf diese Strategie gestoßen bin, war mein erster Impuls ähnlich. „Irritiert bis belustigt“ trifft es wohl am besten. Doch zur Wahrheit gehört auch: Jene Belustigung wandelte sich mehr und mehr in Begeisterung, je tiefer ich in die Studie „Leverage for the Long Run – A Systematik Approach to Managing Risk and Magnifying Returns in Stocks“ eingetaucht bin. Eine Studie, die eine Strategie skizziert, die seit 1928 im Schnitt 26,7 Prozent Rendite eingebracht haben soll. Eine Studie, die so ziemlich alle Normen und Gegebenheiten hinterfragt, die wir für selbstverständlich angesehen haben. Eine Studie, die dafür im Jahr 2016 mit dem renommierten „Charles H. Dow Award“ ausgezeichnet und 2021 nochmals aktualisiert wurde.

Halbwahrheiten, die Rendite kosten

Denn wer verstehen will, wie Studienautor Michael A. Gayed auf diese Wunderzahlen kommt, der muss zunächst ganz an den Anfang zurück: „Einer der Irrtümer beim täglichen Hebeln ist die Vorstellung, dass es eine Form des natürlichen Verfalls gibt. Dabei handelt es sich um die Annahme, dass die kumulierten Erträge aus einer solchen Umschichtung mit der Zeit gegen null tendieren und somit niemals für längere, sondern ausschließlich für kürzere Halteperioden geeignet sind“, beschreibt Gayed den seiner Meinung nach größten Irrglauben über Hebelprodukte. Diese seien zwar nicht frei von Risiko, doch der Grund für die oftmals großen Verluste, die Laien durch Hebelprodukte erleiden, sei nicht ein grundgegebenes Gesetz, sondern vielmehr das Resultat der sogenannten „Volatilitätsfalle". „Wenn die Entwicklung der Renditen nicht trendmäßig verläuft, sondern zwischen positiven und negativen Renditen hin- und herwechselt, ist das Re-Leveraging mathematisch gesehen destruktiv. Der Grund: Sie erhöhen das Exposure nach einem Gewinn und verringern das Exposure nach einem Verlust, immer und immer wieder", bilanziert Gayed. Einfach ausgedrückt: Abwärtsbewegungen schmerzen zweifach, während darauffolgende Aufschwünge aufgrund der reduzierten Basis an Assets die Verluste nicht kompensieren können. Je größer der Hebel, desto stärker der Effekt.

Doch die Medaille hat eine zweite – weitaus attraktivere – Seite. Denn während eine hohe Volatilität der „größte Feind" für Hebelprodukte sei, würden diese im Umkehrschluss besonders von einer niedrigen Volatilität und Zeitperioden profitieren, in denen möglichst viele Tage mit positivem Return aufeinanderfolgen, so Gayed, der ein eindrucksvolles Rechenbeispiel bereithält: So verzeichnete der S&P 500 in der 6-Tages-Periode zwischen dem 8. und 15. August 2011 eine äußerst hohe Volatilität von über 75 Prozent bei einer Gesamtrendite von 0,51 Prozent. Mit einem zweifach gehebelten Index hätten Anleger jedoch einen Verlust von 0,14 Prozent eingefahren. Wenn aber der Originalindex über sechs Tage täglich hypothetisch um drei Prozent zulegt, können sich Anleger am Ende durch einen zweifach gehebelten ETF nicht nur über eine Gesamtrendite von 19,41 Prozent, sondern über 41,85 Prozent freuen. Die alles entscheidende Frage lautet deshalb: Kann ich als Privatanleger jene Perioden ausfindig machen, in denen der Markt tendenziell weniger volatil ist und möglichst viele Tage mit positiven Renditen aufeinanderfolgen?

Abb. 47 | Das passiert mit Hebel-ETFs in volatilen Zeiten

S&P 500 vs. täglich gehebelter S&P 500
(8. August 2011 bis 15. August 2011)

Index	08.08.2011	09.08.2011	10.08.2011	11.08.2011	12.08.2011	15.08.2011	Kumulierte Rendite
S&P 500	-6,65 %	4,74 %	-4,37 %	4,65 %	0,53 %	2,19 %	0,51 %
1,25x	-8,31 %	5,93 %	-5,47 %	5,81 %	0,66 %	2,73 %	0,46 %
2x	-13,30 %	9,49 %	-8,75 %	9,29 %	1,06 %	4,37 %	-0,14 %
3x	-19,95 %	14,23 %	-13,12 %	13,94 %	1,58 %	6,56 %	-2,02 %

Quelle: Michael A. Gayed

The trend is your friend

Gayeds Antwort: Ja! Hierbei bezieht er sich auf das Standardwerk „Technical Analysis of Stock Trends“ von Robert D. Edwards und John Magee[1], welches die Basis für die heute zahlreichen Timing-Strategien anhand der 200-Tage-Linie darstellt. Die Grundidee hinter dieser Timing-Strategie ist simpel: Rangiert der Markt über der 200-Tage-Linie, wird das Kapital zu 100 Prozent in den Index investiert, fällt dieser unter den 200-Tage-Schnitt, wird das Geld in ultrakurzläufige Anleihen (3-Month Treasury Bills) umgeschichtet. Auch Gayed hat sich diese Strategie näher angeschaut und für den S&P 500 bis 1928 zurückverfolgt.

Sein Fazit: „Die Outperformance in Bärenmärkten ist beträchtlich, was darauf hindeutet, dass der gleitende Durchschnitt eher eine Absicherung nach unten als eine Steigerung nach oben darstellt.“ Konkret: In allen Bärenmärkten konnte die 200-Tage-Timing-Strategie die Verluste des S&P 500 deutlich minimieren. Doch seine Analyse geht tiefer. Viel tiefer.

Abb. 48 | Performance-Vergleich der 200-Tage-Strategie vs. „Buy and Hold“ in Krisenzeiten

S&P 500 vs. GD200-Rotation
(ausgewählte Baissen)

Baissen	Kumulierte Rendite	
Zeitraum	S&P 500	GD200-Rotation
16. Sept. 1929 – 1. Juni 1932	-86,0 %	-14,7 %
24. März 2000 – 9. Okt. 2002	-47,4 %	-12,7 %
9. Okt. 2007 – 9. März 2009	-54,9 %	-9,1 %
19. Feb. 2020 – 23. März 2020	-33,5 %	-16,9 %

Quelle: Michael A. Gayed

Gayed hat über 90 Jahre Börsengeschichte in zwei Teile aufgeteilt: Die Zeiträume über der 200-Tage-Linie und die unter der 200-Tage-Linie. Und die Unterschiede sind gewaltig. So liegt die durchschnittliche Volatilität des Aktienmarkts, sofern er unter der 200-Tage-Linie rangiert, mit historisch 26,9 Prozent fast doppelt so hoch wie in den Zeiträumen, in denen der Index über der 200-Tage-Linie rangiert. Dann sind es nämlich nur 14,6 Prozent.

Auch scheint die 200-Tage-Linie ein guter Indikator für die grundsätzliche Verfassung der Wirtschaft zu sein. In 68,2 Prozent der Zeiträume, in denen sich die Vereinigten Staaten in einer Rezession befanden, lag auch der Aktienmarkt unter der 200-Tage-Linie. In Zeiten der Expansion lag dieser aber in über 80 Prozent der Fälle darüber. Kein Wunder also, dass der Performance-Unterschied der zwei Messperioden immens ist. Während der S&P 500 seit 1928 über der 200-Tage-Linie im Schnitt 11,5 Prozent pro Jahr brachte, steht unter der 200-Tage-Linie ein Verlust von 0,5 Prozent.

Und selbst bei der für Gayeds Strategie so wichtigen Performance-Kontinuität gibt es signifikante Unterschiede: Die Wahrscheinlichkeit, fünf Tage in Folge steigende Kurse zu erleben, ist historisch gesehen fast doppelt so hoch, wenn der Markt über der 200-Tage-Linie rangiert. Zusammengefasst: „Rangiert ein Index über der 200-Tage-Linie, steigen die Chancen auf eine geringere Volatilität und ein höheres Potenzial für aufeinanderfolgende positive Renditen. Dies sind die beiden Merkmale, die für eine Strategie von entscheidender Bedeutung sind, die Hebelwirkung einsetzt."

Abb. 49 | Verteilung von Gewinnserien im S&P 500 seit 1928

Positive Tage in Folge beim S&P 500 (% der Zeit)

(Oktober 1928 bis Dezember 2020)

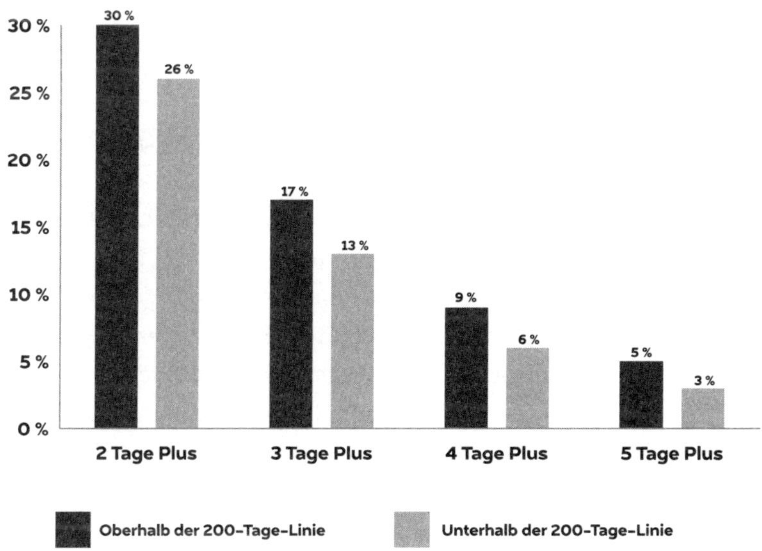

Annualisierte Volatilität des S&P 500
über/unter den gleitenden Durchschnitten

(Oktober 1928 bis Dezember 2020)

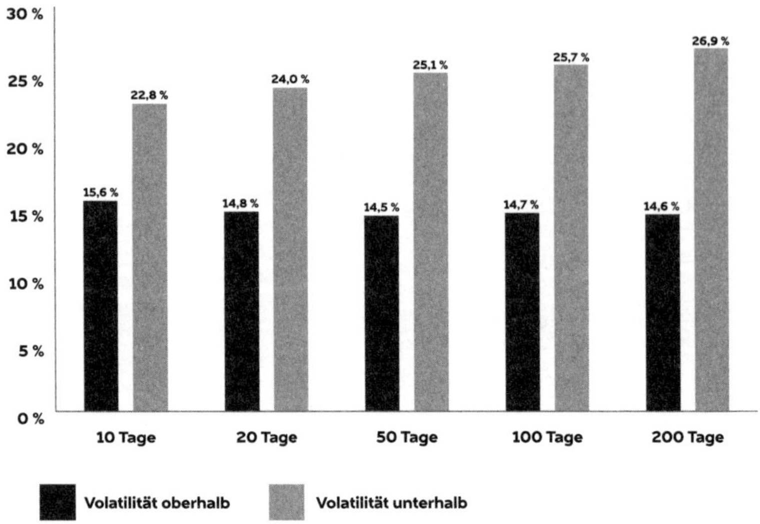

Quelle: Michael A. Gayed

Doppelt kassieren – ohne großes Risiko

Wie gut diese Strategie für Hebelprodukte funktioniert, zeigt Gayed dann im Anschluss. So kommt die Timing-Hebel-Strategie mit einem Zweifach-Hebel zwischen Oktober 1928 und Dezember 2020 auf eine durchschnittliche Jahresrendite von ebenjenen 19 Prozent. Schon das ist beeindruckend, doch erst die Berücksichtigung der Risikokennzahlen machen Gayeds Studie zu einem würdigen „Charles H. Dow Award"-Gewinner.

Abb. 50 | Übersicht der Strategie-Ergebnisse seit 1928

„Buy and Hold" ungehebelt vs. gehebelte Rotationsstrategien
(Okt. 1928 bis Dez. 2020)

Kennzahl	S&P 500	S&P 1,25x	S&P 2x	S&P 3x	S&P 1,25x GD 200	S&P 2x GD 200	S&P 3x GD 200
Jahres-rendite	9,4 %	10,2 %	14,3 %	16,2 %	12,4 %	19,0 %	26,7 %
Jährliche Volatilität	18,9 %	23,6 %	37,8 %	56,7 %	15,5 %	24,9 %	37,3 %
Sharpe Ratio	0,32	0,28	0,28	0,22	0,57	0,61	0,61
Sortino Ratio	0,57	0,56	0,65	0,71	0,89	0,99	1,05
Max. Drawdown	-86,2 %	-92,4 %	-98,8 %	-99,9 %	-59,0 %	-78,7 %	-92,2 %
Beta	1	1,25	2	3	0,54	0,86	1,3
Jährliches Alpha	0,0 %	-1,0 %	-1,0 %	-1,0 %	6,4 %	11,0 %	17,5 %
Durch-schnittliche Anzahl Tra-des/Jahr	0	0	0	0	5	5	5

Mit einer durchschnittlichen Jahresvolatilität von 24,9 Prozent liegt diese Strategie nämlich nur leicht über den 18,9 Prozent, die der S&P 500 im selben Zeitraum durchschnittlich pro Jahr geschwankt hätte. Ein Blick auf den maximalen Drawdown zeigt zudem die Magie des Timings. Kaum zu glauben, aber wahr: Der maximale Drawdown der Timing-Strategie mit Zweifach-Hebel liegt mit 78,7 Prozent sogar signifikant unter dem des herkömmlichen Index von 86,2 Prozent. Zum Vergleich: Ein zweifach gehebelter Index hätte im selben Zeitraum einen maximalen Drawdown von 98,8 Prozent eingefahren. Die in diesem Zusammenhang so wichtige Sortino Ratio, die ausschließlich die Abwärtsvolatilität berücksichtigt, zeigt hier ebenfalls das deutlich verbesserte Rendite-Risiko-Verhältnis. Und das Beste: Mit nur durchschnittlich fünf Kapitalumschichtungen pro Jahr ist diese Strategie nicht mal sonderlich aufwendig auszuführen.

Die 28-Billionen-Dollar-Strategie

Statt den 39 Millionen US-Dollar, die ein Investment von 10.000 US-Dollar im Jahr 1928 in einen herkömmlichen S&P-500-ETF eingebracht hätte, wären es mittels zweifach gehebeltem Index und kluger Timing-Methode über 89 Milliarden US-Dollar geworden. Ein dreifach gehebelter ETF hätte Ihnen sogar die besagten 28 Billionen Dollar eingebracht. Verrückte Welt! Immer noch skeptisch? Werfen wir gemeinsam einen Blick auf die großen Krisen der Vergangenheit – beispielsweise auf die Finanzkrise. Denn während der amerikanische Leitindex in dieser Phase 55,2 Prozent verlor, lag der maximale Drawdown der Timing-Strategie (Faktor 2) in dieser schwierigen Zeit bei lediglich minus 21,3 Prozent. Kein Einzelfall: Während der fünf großen Börsenkrisen in den letzten knapp 100 Jahren konnten Anleger mit diesem Ansatz ihre maximalen Verluste dramatisch reduzieren – in der Dotcom-Blase zur Jahrtausendwende beispielsweise um über 60 Prozent. Im Umkehrschluss bedeutet dies auch: Mit der Timing-Hebel-Strategie waren Anleger nach Krisen wieder deutlich schneller im Plus und konnten so Realrenditen einfahren, während andere noch ihre drastischen Verluste aufholen mussten. Nach dem Hoch am 9. Oktober 2007 brauchte der S&P 500 bis zum 4. April 2012, also 1.637 Tage, um ein neues Hoch zu erreichen. Mit der Timing-Hebel-Strategie waren es lediglich 700 Tage bis zu neuen Höchstständen. Auch nach der Dotcom-Blase war man drei Jahre schneller wieder in der Gewinnzone.

Nicht nur in der Theorie überzeugend

Kritiker können nun einwerfen, dass eine solche Rückrechnung ihre Schwächen hat. Ein valider Punkt. Gayed hat in seiner jüngsten Aktualisierung der Studie einen ganzen Absatz hinzugefügt, der sich um die praktische Implementierung einer solchen Strategie für Privatinvestoren dreht. Sein Zwischenfazit: „Zurückgehend auf das Jahr 1928 wäre die Umsetzung der Strategie in der skizzierten Form erschwert worden durch höhere Transaktionskosten, eine höhere Abweichung und höhere Kosten der Hebelwirkung. Auf dem heutigen Markt sind all diese Probleme minimiert worden. Kosten und Abweichungen sind erheblich geringer und – was am wichtigsten ist – man muss nicht mehr täglich manuell hebeln, da es Produkte mit täglicher Hebelwirkung gibt." Anders ausgedrückt: Gayed favorisiert ETFs. Ich habe Ihnen deshalb drei gehebelte ETFs herausgesucht, mit denen Sie die Strategie kostengünstig ausführen können:

Abb. 51 | Gehebelte ETFs auf diverse Indizes

Name	WKN	Fondsvolumen in Mio. €	Laufende Kosten (TER) p. a.
Xtrackers S&P 500 2x Leveraged Daily Swap	DBX0B5	201	0,60 %
L&G DAX Daily 2x Long	A0X895	27	0,40 %
Lyxor EURO STOXX 50 Daily (2x) Leveraged	LYX0BZ	96	0,4 %

Quelle: justetf.com (Stand: Januar 2023)

Ebenfalls wichtig: In seiner Originalstrategie „parkt" Gayed sein Kapital in amerikanischen Treasury Bills, sofern der S&P 500 unter der 200-Tage-Linie steht. Übrigens: Dies ist aktuell auch der Fall.

In seiner jetzt folgenden ETF-Strategie nutzt er jedoch ein herkömmliches Tagesgeldkonto (Cash). Dies hat er nämlich von 2009 bis Ende 2020 anhand konkreter ETFs getestet und kommt zu einem ähnlichen Ergebnis: „Die Performance-Zahlen liegen leicht unter der theoretisch berechneten Performance, was wahrscheinlich auf eine negative Leverage-Prämie (Performance-Verzögerung) bei den gehebelten ETFs zurückzuführen ist. Dennoch und wie bereits erwähnt, zeigen alle Kennzahlen eine klare risikobereinigte Verbesserung gegenüber einer gehebelten „Buy and Hold"-Strategie. Im Schnitt lag die jährliche Rendite einer Hebel-ETF-Timing-Strategie (Faktor 2) bei 18,4 Prozent.

Das Ende der Mythen

Was Gayed durch seine Ausführungen klarmacht, ist überaus erstaunlich: Die Hypothese eines effizienten Markts stellt er glaubwürdig infrage. Das Gleiche gilt ebenfalls für die weitverbreitete „Random Walk"-Theorie, laut der es sich nicht auszahle, den Markt durch technische Indikatoren zu timen. Zu guter Letzt stellt er auch noch eine Gegenthese zum Capital Asset Pricing Model (CAPM) auf, für das William Forsyth Sharpe sogar mit dem Nobelpreis ausgezeichnet wurde. Dieses Modell sagt aus, man könne höhere Renditen lediglich durch höhere Risiken generieren. Gayeds Hebelstrategie zeigt das Gegenteil. „Es ist von größter Bedeutung, zu verstehen, was Hebelprodukten schadet und nützt. Wer dies in seiner Strategie implementiert, kann den Markt systematisch über einen langen Zeitraum schlagen", zeigt sich Gayed selbstbewusst. Auch meine anfängliche Skepsis gegenüber diesen Wunderrenditen ist mehr und mehr gewichen. Die Ausführungen Gayeds öffnen für mutige Anleger ein neues Feld, welches attraktiver kaum sein könnte.

SHILLER-MARKOWITZ-TIMING

Die Kombination zweier Nobelpreisträger sorgt
für ein anpassungsfähiges Depot
für jede Marktphase.

Was haben Harry Markowitz und Robert James Shiller gemeinsam? Richtig, beide Ökonomen sind Wirtschafts-Nobelpreisträger – und beide sind Teil der folgenden Strategie, die das Beste der jahrzehntelangen Arbeit und Forschung der beiden Finanz-Ikonen kombiniert. Das Ergebnis: eine Methode, mit der Sie als Privatanleger ohne große Anstrengungen historisch gesehen Ihr Rendite-Risiko-Verhältnis um mehr als 38 Prozent verbessern können. Die Details.

Die ideale Balance

Die Basis dieser Strategie bildet dabei die „Modern Portfolio Theory“, die 1952 von Harry Markowitz entwickelt wurde und seit jeher mithilfe des weltberühmten 60/40-Portfolios von vielen Börsianern auf der ganzen Welt umgesetzt wird.[1] Markowitz' Ansatz von damals: „Ein gutes Portfolio ist mehr als eine lange Liste guter Aktien und Anleihen. Es ist ein ausgewogenes Ganzes, das dem Anleger Schutz und Möglichkeiten in Bezug auf eine Vielzahl von Eventualitäten bietet.“ Hierzu untersuchte er in ausführlichster Form die verschiedensten, aus Aktien und Anleihen bestehenden Portfolio-Konstruktionen und definierte am Ende seiner Arbeit die ideale Balance aus Rendite und Risikominimierung bei einer Gewichtung von 60 Prozent Aktien und 40 Prozent Anleihen.

Wichtig: In seinen Originalstudien aus den 50er-Jahren fokussierte sich Markowitz auf den amerikanischen Aktienmarkt. Heutzutage lässt sich das 60/40-Portfolio also am ehesten mit einem ETF auf den S&P 500 und einem US-Treasury-ETF abbilden. Wieso Markowitz dafür mit dem Nobelpreis ausgezeichnet wurde, zeigt ein Blick auf die historische Performance seiner Allokation. Eine Rückrechnung bis ins Jahr 1985 demonstriert, dass ein 60/40-Portfolio im Vergleich zum S&P 500 pro Jahr im Durchschnitt lediglich 1,5 Prozentpunkte weniger Rendite eingebracht hätte, dabei allerdings die durchschnittliche Volatilität um 5,6 Prozent reduziert hätte.

Abb. 52 | Rendite-Risiko-Vergleich der Timing-Strategie in Prozent

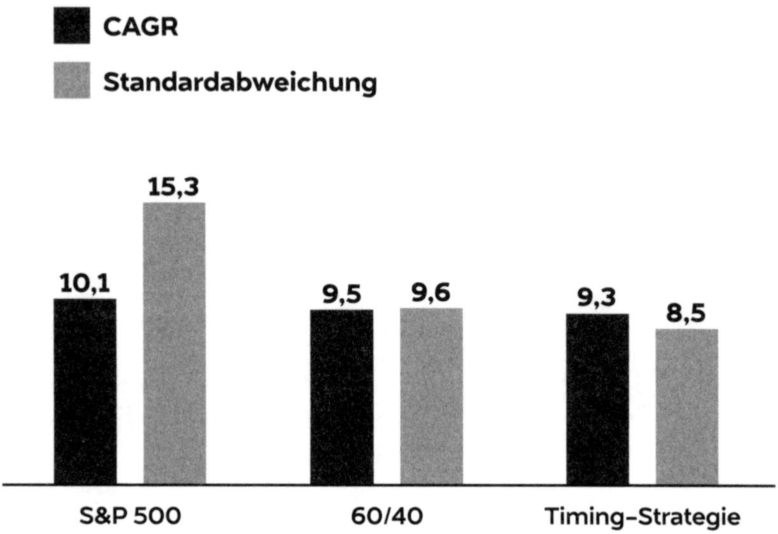

Quelle: portfoliovisualizer.com

Auf Basis der Sortino Ratio ergibt sich so ein Wert für das 60/40-Portfolio von 1,00. Der S&P kommt auf 0,81. Die Betrachtung der Sortino Ratio ergibt deshalb Sinn, weil bei der Berechnung im Vergleich zur Sharpe Ratio die „positive Volatilität", also Ausschläge nach oben, mit null gewertet wird. Das ist durchaus sinnvoll, zumal sich wohl kaum ein Anleger über Ausschläge nach oben beschweren würde. Die Sortino Ratio gibt Anlegern somit einen äußerst validen Anhaltspunkt dafür, wie das Rendite-Risiko-Verhältnis eines Assets aussieht. Dabei gilt: Je höher die Sortino Ratio, desto besser. In der Praxis verlässt sich deshalb nicht umsonst eine Vielzahl von Anlegern auf ebenjenes 60/40-Prinzip nach Markowitz.

Abb. 53 | Risiko-Kennzahlen-Vergleich seit 1985 in Prozent

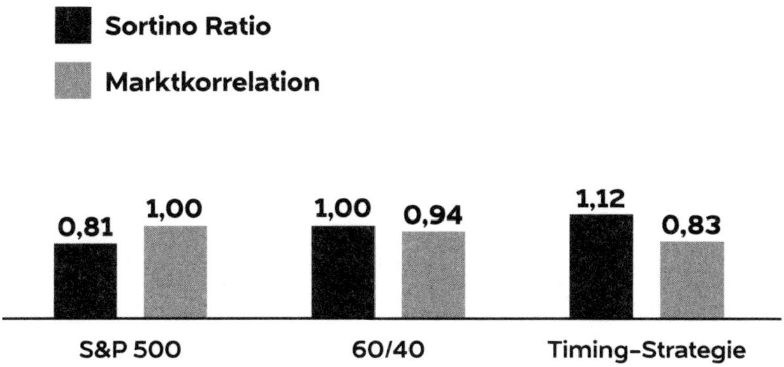

Quelle: portfoliovisualizer.com

Doch genau darin steckt auch eine Gefahr. Denn viele verschweigen in diesem Zusammenhang gern, dass Markowitz selbst in seiner preisgekrönten Studie Einschränkungen skizziert: „Ich glaube, dass bessere Methoden, die mehr Informationen berücksichtigen, gefunden werden können. Ich glaube, dass es im Wesentlichen um eine ‚probabilistische' Neuformulierung der Sicherheitsanalyse geht. Ich werde dieses Thema hier nicht weiterverfolgen, denn das ist eine andere Geschichte. Es ist eine Geschichte, von der ich nur die erste Seite des ersten Kapitels gelesen habe", heißt es da. Und genau an dieser Stelle lohnt sich ein Blick auf Seite 2 – ein Blick auf Robert James Shiller.

Was Value wirklich bedeutet

Denn der Yale-Professor, der vor der Dotcom-Bubble zur Jahrtausendwende warnte, hat mit dem Shiller-KGV eine Bewertungskennzahl kreiert, die ebenso wie die 60/40-Methode von Markowitz in der modernen Finanzwelt nicht mehr wegzudenken ist. Anders als beim herkömmlichen KGV, bei dem lediglich die aktuellen Gewinne berücksichtigt werden, umfasst das Shiller-KGV den Durchschnitt der

Gewinne eines Unternehmens oder den Index der zurückliegenden zehn Jahre – und dies inflationsbereinigt. Mit dem Shiller-KGV wird der Gewinn somit geglättet wiedergegeben: Ausreißerjahre fallen weniger stark auf. Oftmals wird es auch als Cyclically Adjusted Price-to-Earnings Ratio (CAPE) bezeichnet. Das Besondere der Strategie ist nun, dass wir mithilfe des Shiller-KGVs das ursprüngliche Markowitz-Portfolio flexibel am Anfang eines jeden Jahres adjustieren können. Die detaillierte Methode dahinter ist simpel: Rangiert das Asset (in unserem Fall ist es der S&P 500) am Anfang eines Jahres bei einem Shiller-KGV von 22 oder höher, wird das klassische Aktien-Anleihen-Verhältnis umgekehrt und es fließen somit 40 Prozent in den Aktienmarkt und 60 Prozent in Anleihen. Bei einem Shiller-KGV zwischen 22 und 14 bleibt es bei der originalen 60/40-Allokation, und im Falle eines Shiller-KGVs zum Anfang des Jahres von unter 14 investiert die Strategie sogar 80 Prozent in Aktien. Heißt im Klartext: Je günstiger der Aktienmarkt bewertet ist, desto höher fällt die jährliche Aktienquote aus. Und die Ergebnisse überzeugen auf ganzer Linie: Zwischen 1985 und 2022 kommt ein solches Portfolio auf eine durchschnittliche Volatilität von 8,52 Prozent. Zum Vergleich: Der S&P 500 weist im selben Zeitraum 15,32 Prozent auf und performt im Schnitt pro Jahr lediglich 1,6 Prozentpunkte besser.

Noch deutlicher wird die Stärke der Timing-Strategie mit Blick auf den maximalen Drawdown. Dieser lag beim amerikanischen Aktienmarkt zur Zeit der Finanzkrise bei fast 51 Prozent. Die Timing-Strategie hingegen kommt auf einen maximalen Drawdown von nur 19,4 Prozent. Und während der S&P 500 nach der Finanzkrise insgesamt drei Jahre und sechs Monate benötigte, um die Verluste wieder aufzuholen, dauerte es mit der Timing-Strategie lediglich 14 Monate. Vor allem für risikobewusste Anleger ist die Timing-Strategie somit eine äußerst attraktive Alternative zum klassischen 60/40-Portfolio. So hätten Anleger, die zum denkbar schlechtesten Zeitpunkt seit 1985 eingestiegen wären, mit der Timing-Strategie nach spätestens fünf Jahren eine jährliche Durchschnittsrendite von 1,41 Prozent generiert.

Beim starren 60/40-Portfolio wäre es immer noch ein Verlust von jährlich 0,42 Prozent gewesen. Und mit einem ETF auf den S&P 500 hätten Anleger im Worst-Case-Szenario sogar nach zehn Jahren noch eine Negativrendite von durchschnittlich 3,51 Prozent eingefahren. Insgesamt kommt die Timing-Strategie somit auf eine Sortino Ratio von 1,12. Und weist eine signifikant niedrigere Marktkorrelation (0,83) auf als das klassische 60/40-Portfolio (0,94). Ebenfalls attraktiv: Der Aufwand hält sich durch das jährliche Timing äußerst in Grenzen. Seit 1985 kam es lediglich zu zehn Anpassungen.

Abb. 54 | Rollierende Erträge im Worst Case seit 1985

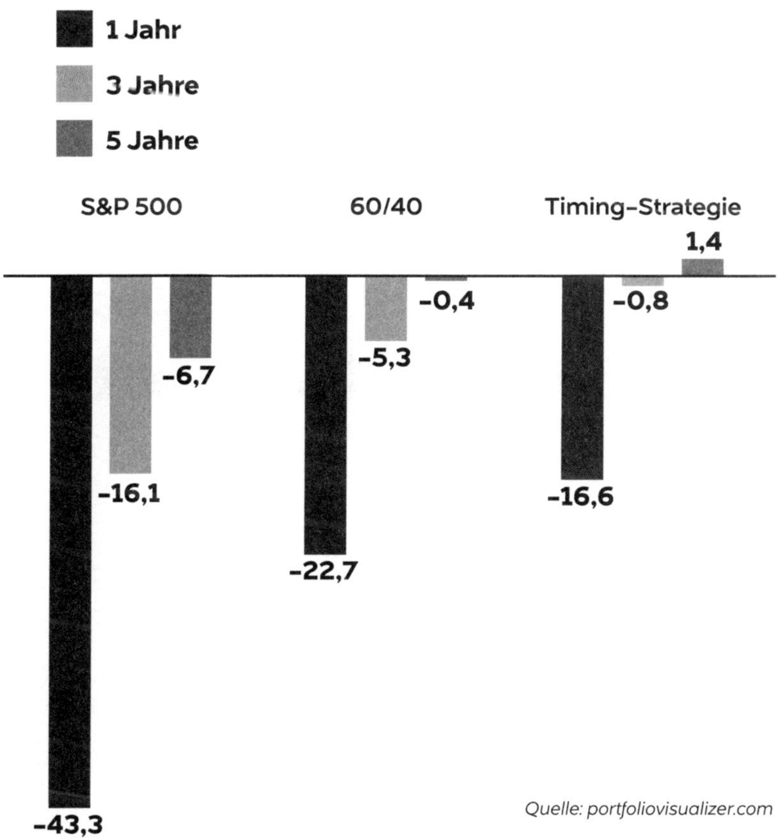

Quelle: portfoliovisualizer.com

Warum Sie 60/40 nicht abschreiben sollten

Kritiker können bei dieser Strategie einwerfen, dass das 60/40-Portfolio als Basis vielleicht „aus der Mode“ gekommen sei. Schließlich enttäuschte das 60/40-Portfolio in den letzten Jahren – vor allem 2022, also genau in einer Zeit, in der die Allokation eigentlich Kapital schützen sollte. Doch für die Enttäuschung im Jahr 2022 gibt es gute Gründe.

Abb. 55 | Korrelation zwischen Aktien und Anleihen

Negativ korrelierte Anleihen steigen, wenn die Aktien fallen, positiv korrelierte Anleihen bewegen sich gemeinsam mit den Aktien.

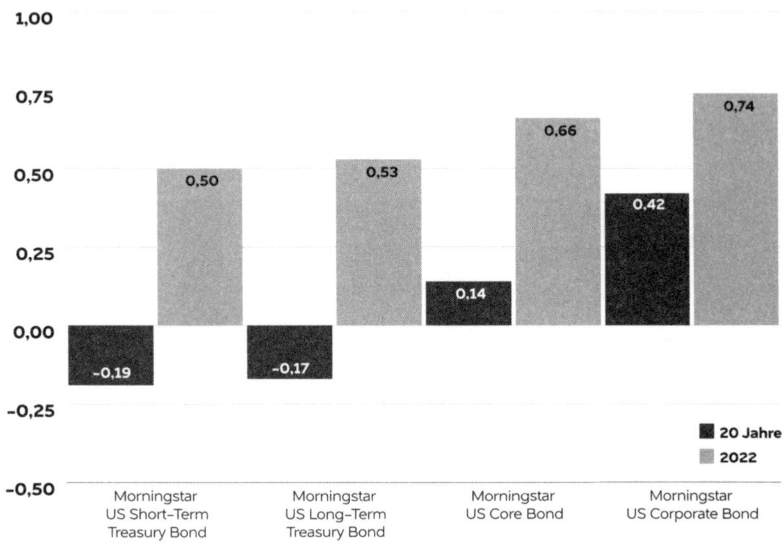

Quelle: Morningstar

In den letzten 30 Jahren waren Aktien und Anleihen insgesamt die meiste Zeit negativ korreliert. Das war die Grundlage der 60/40-Diversifizierungsstrategie. Dabei gibt es typischerweise zwei Gründe, warum es zu Ausverkäufen am Aktienmarkt kommen kann – wirtschaftliche Schwäche oder ein Inflationsanstieg. Wenn die wirtschaftliche Schwäche der Auslöser ist – und das passiert deutlich häufiger –, gehen die Zinssätze oft zurück, was gut für festverzinsliche Wertpapiere ist. Im Jahr 2022 lag der Hauptgrund aber definitiv im rasanten Inflationsanstieg. Zudem hat scheinbar das allgemeine Inflationsniveau ebenfalls einen Einfluss auf die Aktien-Anleihen-Korrelation. Dabei gilt: Liegt das Inflationsniveau über dem langfristigen Durchschnitt, schrumpft die eigentlich negative Korrelation beider Assetklassen signifikant.

Es wäre also deutlich zu früh, das 60/40-Modell aufgrund eines Jahres der Anomalie abzuschreiben. Vielmehr zeigt die jüngste Vergangenheit, dass keine historischen Korrelationen in Stein gemeißelt sind und Strategien deshalb immer langfristig betrachtet werden müssen.

DUAL MOMENTUM

Doppelt hält besser. Mit dieser Timing-Methode nutzen Sie die Macht des Momentums zweifach.

Immer richtigliegen. Der Traum eines jeden Investors, der aber in 99,99 Prozent der Fälle eben genau das bleibt – ein Traum, der niemals in Erfüllung geht. Zu groß ist die Auswahl an Produkten, zu vielfältig die Tücken und Risiken, in die man tappen kann. Und wenn dann eine Strategie gefunden ist, gibt es meist diesen einen verdammten Haken, der den Traum platzen lässt. Es heißt nicht umsonst: Jede Strategie funktioniert ... zur richtigen Zeit. „Richtig" bedeutet in diesem Fall, dass es für jeden Ansatz an der Börse gute und eher schlechtere Umfelder gibt. Mein Anspruch an dieses Buch ist es zwar, Ihnen ausschließlich jene Strategien vorzustellen, die auch langfristig funktionieren, doch kann sich keine Strategie komplett von äußeren Einflüssen zu 100 Prozent unabhängig machen. Und genau deshalb darf die Dual-Momentum-Strategie auf keinen Fall fehlen. Denn anders als viele andere Strategien setzt der Dual-Momentum-Ansatz auf eine Mischung aus maximaler Flexibilität bei maximalem Ausnutzen des Momentums – und das gleich zweifach.

Das Grundkonzept stammt dabei von einem gewissen Gary Antonacci, der 2012 mit dem Buch „Dual Momentum Investing: An Innovative Strategy for Higher Returns with Lower Risk" für Aufsehen sorgte. Wieso genau? Antonacci fand eine Lösung für das Problem, welches Narasimhan Jegadeesh und Sheridan Titman bereits im Jahr 1993 umtrieb. Damals fanden die beiden Finanzmarktforscher nämlich heraus, dass mithilfe des relativen Momentums zwar deutliche Überrenditen erzielt werden können, diese jedoch kaum die Volatilität verbessern, sodass es in der Praxis kaum zur Anwendung kam. Relatives Momentum? Richtig, bei dieser Art von Momentum werden die Renditen eines Vermögenswerts in einem bestimmten Zeitraum mit denen anderer Vermögenswerte verglichen. Mit anderen Worten, sie vergleicht die absolute Dynamik eines Vermögenswerts mit der eines anderen Vermögenswerts oder sogar mit der vieler Vermögenswerte.

Antonaccis Lösung: Neben dem relativen Momentum entwickelte er ein System, welches das absolute Momentum – also die Dynamik eines Vermögenswerts im Verhältnis zu sich selbst – miteinschließt. Das mag jetzt vielleicht kompliziert klingen, ist aber genau das Gegenteil.

So liegen Sie immer richtig

Besonders attraktiv: Sie können die Dual-Momentum-Methode mit sämtlichen Assets durchführen. Ich persönlich finde diese Methode beispielsweise im Kontext eines Weltportfolios enorm spannend. Alles, was Sie brauchen, sind drei ETFs: einen für den amerikanischen Aktienmarkt, einen für europäische Aktien und einen für Schwellenländer-Aktien. Die Methodik ist denkbar einfach: Am Anfang eines jeden Monats vergleichen Sie zunächst die 10-Monats-Performance der drei ETFs untereinander und wählen den Best Performer. Im zweiten Schritt vergleichen Sie diesen Gewinner-ETF mit dem Geldmarktzins (im Original: US Treasury Bills). Liegt auch hier die Rendite des Aktien-ETFs höher, investieren Sie Ihr Kapital zu 100 Prozent in den Aktien-ETF. Liegt die Aktienrendite allerdings unter dem Geldmarktzins, parken Sie Ihr gesamtes Kapital auf dem Tagesgeldkonto, wobei ein Investment in Anleihen – oder sogar Gold – ebenfalls denkbar ist. Zusammengefasst: Als Investor halten Sie immer nur genau einen ETF und überprüfen Ihre Position einmal monatlich.

Abb. 56 | So funktioniert Dual Momentum

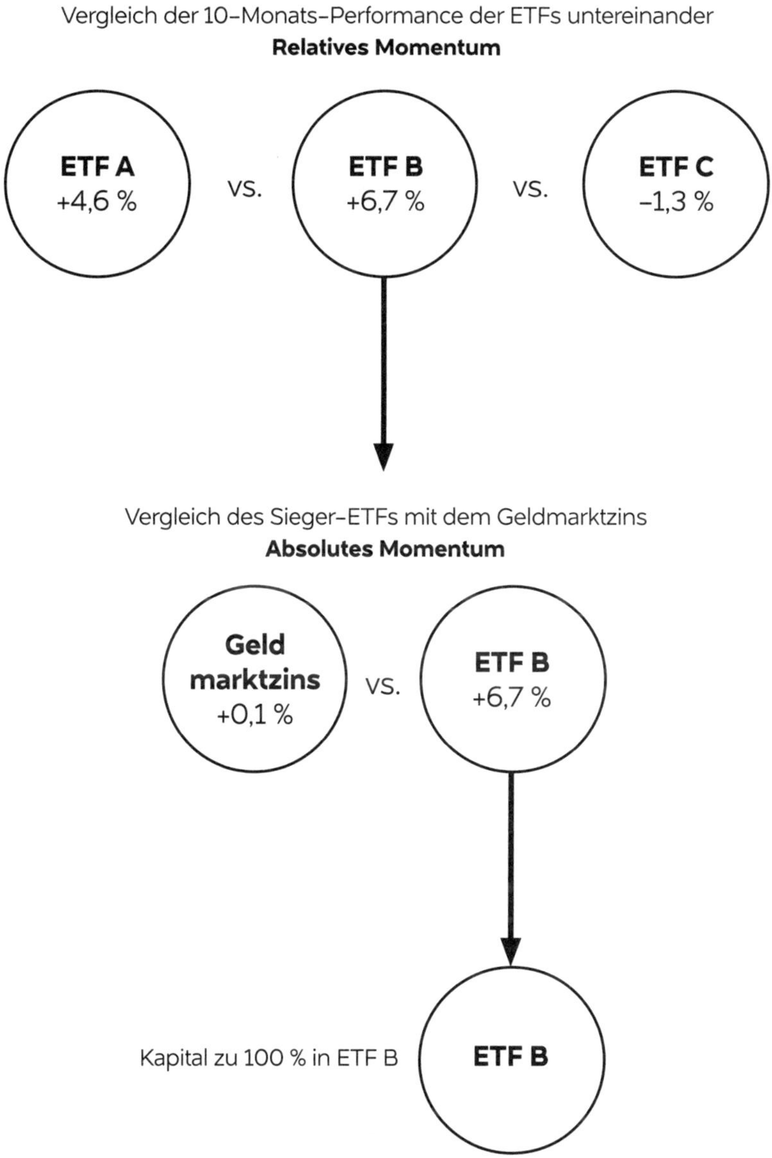

Quelle: Eigene Darstellung

Und die Ergebnisse sind schlichtweg überragend: Seit Januar 1996 kommt die Dual-Momentum-Strategie mit den genannten Assets auf eine durchschnittliche Jahresperformance von 10,12 Prozent bei einer Volatilität von 14,70 Prozent. Zur Einordnung: Ein gleichgewichtetes „Buy and Hold"-Portfolio kommt auf eine Durchschnittsperformance von 7,13 Prozent bei einer Volatilität von 17,35 Prozent. Die Sortino Ratio der Dual-Momentum-Methode ist fast doppelt so hoch. Wie kann das sein? Ganz einfach: Die Dual-Momentum-Methode funktioniert nicht nur in Krisenzeiten. Denn während andere Timing-Strategien zwar den Verlust bei Crashs reduzieren können, aber dafür in Bullenmärkten schlechter abschneiden, glänzt die Dual-Momentum-Strategie in jeder Marktphase. Wenn die Kurse steigen, nehmen Sie als Privatanleger die Gewinne durch den am besten laufenden ETF voll mit. In Krisenzeiten sorgt das absolute Momentum im zweiten Schritt dafür, dass das Geld in Krisenzeiten sicher in Cash geparkt wird, wie der Drawdown-Chart zeigt:

Abb. 57 | Drawdown-Historie der Dual-Momentum-Strategie

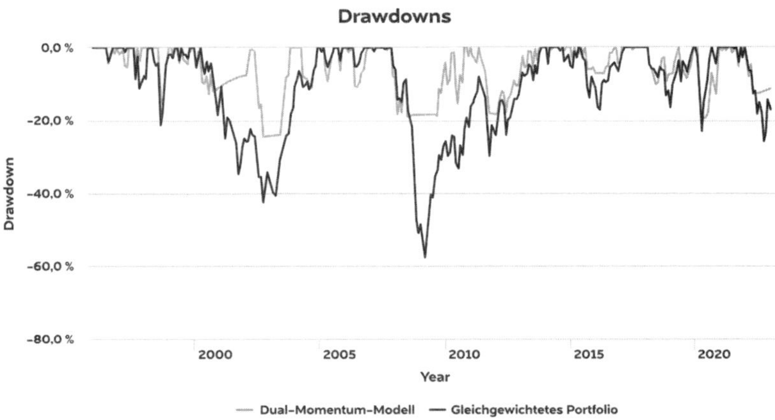

Quelle: portfoliovisualizer.com

In allen vier relevanten Stressperioden an den Märkten seit 1996 konnten die Verluste signifikant reduziert werden. Während in der Finanzkrise 2008 Anleger mit dem „Buy and Hold"-Ansatz beispielsweise über 57 Prozent ihres Kapitals verloren hätten und ganze 56 Monate gebraucht hätten, um ihre Verluste wieder aufzuholen, lag der Verlust bei der Dual-Momentum-Strategie bei lediglich 19 Prozent – die Aufholjagd konnte bereits nach der Hälfte der Zeit erfolgreich abgeschlossen werden. Seit Januar 1996 hätten Anleger durch die Dual-Momentum-Strategie in 224 von insgesamt 324 Monaten eine positive Rendite erzielt. Das entspricht einer Erfolgsquote von über 69,14 Prozent – die „Buy and Hold"-Methode kommt auf lediglich 197 Gewinnmonate. Und selbst der Aufwand hält sich angesichts der überzeugenden Ergebnisse in Grenzen. Über den gesamten Zeitraum kam es zu 66 Kapitalumschichtungen. Das entspricht im Schnitt knapp einer Umschichtung alle fünf Monate. Wer am Ende eines jeden Monats zehn Minuten seiner Zeit investiert, um das relative und das absolute Momentum von nur drei ETFs zu vergleichen, wird am Ende belohnt: mit höheren Erträgen, weniger Risiko und somit auch mit ruhigen Nächten. Die Dual-Momentum-Strategie zeigt, wie sicher Aktien sein können, wenn man sie richtig einsetzt. Der Weg zum Reichtum führt nicht über große Versprechen, sondern über Rationalität.

Abb. 58 | Beispiel-ETFs für die Dual-Momentum-Strategie

Name	WKN	Fondsvolumen in Mio. €	Laufende Kosten (TER) p. a.
iShares Core S&P 500	A0YEDG	49.198	0,07 %
iShares STOXX Europe 600	263530	5.827	0,20 %
iShares Core MSCI Emerging Markets	A111X9	14.681	0,18 %

Quelle: justetf.com (Stand: Januar 2023)

DUAL MOMENTUM MULTI

Die Dual-Momentum-Methode kann noch mehr. Viel mehr. Zum Beispiel das Renditepotenzial etablierter Multi-Asset-Portfolios vergrößern.

Ihnen gefällt die Dual-Momentum-Strategie (Strategie 13)? Dann habe ich eine gute Nachricht für Sie: Mit dieser Methode lassen sich auch wunderbar bereits bestehende Portfolios nach Ihren Wünschen optimieren. Denn die Macht des Momentums – besser gesagt des zweifachen Momentums – funktioniert nicht nur bei Aktienindizes, sondern auch in alternativen Anlageklassen. Ich habe deshalb für Sie gleich zwei „Buy and Hold"-Strategien aus diesem Buch nach der Dual-Momentum-Methode getimt. Das sind die historischen Ergebnisse:

DAS PERMANENT-PORTFOLIO (STRATEGIE 04)

Statt alle vier verschiedenen Assetklassen Aktien – langläufige Anleihen, Gold und Cash dauerhaft zu je 25 Prozent zu halten, wurden monatlich in erster Instanz die 10-Monats-Performance der drei ETFs auf Gold, Aktien und Anleihen miteinander verglichen und der Sieger-ETF in zweiter Instanz mit dem Geldmarktzins.

Abb. 59 | Performance-Vergleich klassisch vs. Dual Momentum (Permanent-Portfolio)

Strategie	ø Performance p. a.	ø Volatilität p. a.	Bestes Jahr	Schlechtestes Jahr	Maximaler Drawdown	Sortino Ratio
Permanent-Portfolio klassisch	5,81 %	6,97 %	16,48 %	-12,06 %	-15,73 %	1,11
Permanent-Portfolio Dual Momentum	7,59 %	15,05 %	32,18 %	-17,79 %	-34,96 %	0,76

Quelle: portfoliovisualizer.com

Das Ergebnis zeigt deutlich, dass das Permanent-Portfolio in seiner Originalfassung seinem Ruf als ausgeglichenes Portfolio für jede Börsenphase mehr als gerecht wird. Wer allerdings eine höhere Risikotoleranz besitzt und seine Renditechancen erhöhen will, kann dies mit dem Dual-Momentum-Ansatz durchaus realisieren.

DAS ALLWETTER-DEPOT (STRATEGIE 05)

Ähnliches Prinzip wie beim Permanent-Portfolio. Allerdings werden dieses Mal die zwei Gewinner-ETFs gehalten und nicht nur einer. Außerdem wird anhand der 3-Monats-Performance entschieden. Die Rückrechnung reicht bis zum Januar 2007:

Abb. 60 | Performance-Vergleich klassisch vs. Dual Momentum (Allwetter-Depot)

Strategie	ø Performance p. a.	ø Volatilität p. a.	Bestes Jahr	Schlechtestes Jahr	Maximaler Drawdown	Sortino Ratio
Allwetter-Depot Klassisch	5,27 %	6,53 %	16,54 %	-12,36 %	-15,54 %	0,99
Allwetter-Depot Dual Momentum	6,11 %	8,39 %	21,86 %	-13,14 %	-19,29 %	1,08

Quelle: portfoliovisualizer.com

Das Ergebnis fällt hier sogar noch deutlich besser aus. Denn nicht nur die durchschnittliche Rendite konnte seit 2007 so deutlich erhöht werden, sondern auch das allgemeine Rendite-Risiko-Verhältnis, wie die Sortino Ratio beweist.

MULTI-ASSET-TIMING

Maximale Flexibilität sorgt bei dieser Strategie für fast chronische Gewinne seit 1973. So funktioniert die GTAA-Methode.

Stellen Sie sich vor, es ist Krise und Sie merken es nicht einmal. Was für den überwältigenden Großteil der Börsianer wie ein Traum klingt, ist für Anleger der GTAA-Methode nach Mebane der Normalzustand – und das seit 1973. Lediglich fünf Verlustjahre hat die Methode in den vergangenen 50 Jahren erlebt. Und das nie mit einem Jahresverlust von mehr als 3,8 Prozent. Zur Einordnung: Der amerikanische S&P 500 verbuchte im gleichen Zeitraum ganze 13 Verlustjahre mit Verlusten von bis zu 38 Prozent, etwa in der Finanzkrise. Der Haken? Der existiert nicht. Fabers GTAA-Methode ist weder kompliziert noch einer exklusiven Elite vorbehalten. Im Folgenden zeige ich Ihnen, wie die Immer-Gewinner-Methode genau funktioniert und welche simplen Assets Sie dafür genau brauchen, die Sie am Ende sicher durch jede Phase bringen – auch durch die stürmischen Zeiten heute.

Hinter der Abkürzung GTAA verbirgt sich der Begriff „Global Tactical Asset Allocation", und da beginnt es bereits spannend zu werden. Denn während der Begriff „Global" im Zuge einer möglichst sicheren Anlagestrategie sicherlich von allen Anlegern große Zustimmung erfährt – Stichwort: Diversifikation – steckt hinter dem Begriff „Tactical" ein höchst umstrittener Ansatz. Denn Faber nutzt Timing als taktisches Element.

Wieso Timing doch funktioniert

Das Besondere dabei: Seine Erklärung ist derart plausibel, dass diese selbst den größten „Buy and Hold"-Verfechter überzeugen dürfte. In seiner Forschungsarbeit „A Quantitative Approach To Tactical Asset Allocation" bezieht sich der Kapitalmarktstratege im ersten Schritt auf vorherige Studien, die allesamt zu dem Ergebnis kamen, dass Anleger mit der richtigen Nutzung der 200-Tage-Linie den „Lärm an der Börse reduzieren können". Dahinter steckt die Erkenntnis, dass der Markt, sofern er unter der 200-Tage-Linie notiert, historisch gesehen deutlich volatiler ist und schlechter performt als in Phasen, in denen er oberhalb der 200-Tage-Linie rangiert.

Faber hat daraus eine simple Timing-Strategie abgeleitet, die er über den Zeitraum von 1901 bis 2012 simuliert hat. Die Regel: Befindet sich der S&P 500 über seiner 200-Tage-Linie, liegt die Investitionsquote bei 100 Prozent. Liegt der Index unter der 200-Tage-Linie, wird das ganze Kapital in Cash umgeschichtet. Das Ergebnis: Durch die Timing-Strategie konnte nicht nur die durchschnittliche jährliche Performance um 0,86 Prozentpunkte auf 10,18 Prozent erhöht werden, sondern vor allem die Volatilität signifikant reduziert werden — von 17,87 Prozent auf 11,97 Prozent. Die Gewinnquote, also der Anteil der Monate mit positiver Rendite, konnte von 61,6 Prozent auf 75,8 Prozent gesteigert werden. Kurzum: Timing funktioniert auf dem Aktienmarkt! Doch das war noch lange nicht alles. Denn erst der zweite Schritt, den Faber mit seiner GTAA-Methode etabliert hat, macht diese Strategie so besonders — und vor allem erfolgreich. Er ist einer der Vorreiter, der jene Timing-Strategie in einem Multi-Asset-Portfolio strukturell angewendet hat. Gern bezieht er sich hier auf die Finanzkrise 2008, in der nahezu jede Anlageklasse unter Druck geriet.

Abb. 61 | Rendite-Risiko-Kennzahlen diverser Assetklassen zwischen 1973 und 2012

Gewinne und Volatilität in Phasen ober- und unterhalb der 200-Tage-Linie

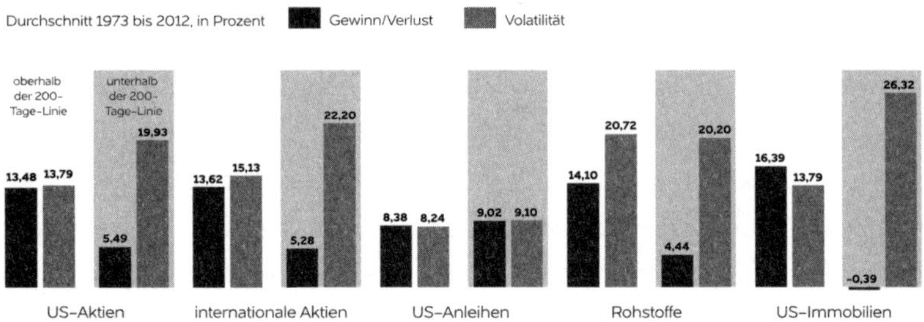

Quelle: Mebane Faber

Flexibilität neu definiert

„Diversifizierung allein reicht nicht mehr aus, um Risiken zu mindern. Es braucht mehr als das", zitiert Faber den ehemaligen Portfoliomanager des Harvard-Stiftungsfonds, Mohamed El-Erian, in seiner Studie. Dieses „Mehr" besteht für Faber in seiner GTAA-Methode daraus, dass er ein relativ simples und gleichgewichtetes Multi-Asset-Portfolio aus fünf Assetklassen kreiert – amerikanische Aktien, Aktien aus Industrienationen, zehnjährige US-Staatsanleihen, Rohstoffe und Immobilien (REITs) – und diese am Ende eines jeden Monats individuell anhand ihrer 200-Tage-Linie timt. Wobei das Kapital immer in Cash fließt, sofern eine Assetklasse unter ihrer 200-Tage-Linie notiert. So kann es sein, dass das Gesamtportfolio nach GTAA-Methode zeitweise in allen fünf Anlageklassen investiert ist oder in Krisenzeiten das gesamte Kapital auch mal komplett in Cash gehalten wird. Der Rückblick zeigt: Langfristig ist man mit der GTAA-Methode im Schnitt zu 70 Prozent investiert.

Abb. 62 | Historische Investitionsaufteilung der GTAA-Methode

Investitionsaufteilung in %

Anzahl der Assets	Investitionsquote in %	Anzahl der Monate	Anteil an Monaten in %
0 (all cash)	0	5	1,04
1	20	30	6,24
2	40	56	11,64
3	60	100	20,79
4	80	178	37,01
5	100	112	23,28
Gesamt		**481**	**100,00**

Quelle: Mebane Faber

Zehn Prozent Rendite pro Jahr

Und das Ergebnis ist schlicht überragend: Aus der Originalstudie aus dem Jahr 2012 lässt sich die unnachahmliche Konstanz ablesen, mit der die GTAA-Methode Renditen einfährt. Über zehn Prozent konnten Anleger mit der Strategie nach Faber im Schnitt pro Jahr einfahren – und das bei einer Volatilität von unter sieben Prozent. Zum Vergleich: Die gleiche Portfolio-Allokation mit „Buy and Hold"-Ansatz hätte in demselben Zeitraum zwar nur knapp weniger Rendite eingebracht, wäre dafür aber deutlich volatiler gewesen. „Die GTAA-Methode liefert aktienähnliche Renditen bei anleiheähnlichem Risiko", fasst Faber das Rendite-Risiko-Profil seiner Strategie zusammen. Neben den bereits erwähnten fünf Verlustjahren bei der GTAA-Strategie sticht dabei vor allem der drastische Unterschied beim maximalen Drawdown ins Auge. Denn während die „Buy and Hold"-Methode zum Tiefpunkt um bis zu 46 Prozent einbrach, waren es bei der GTAA-Strategie lediglich 9,5 Prozent. Selbst im Jahr der Finanzkrise 2008 lag Fabers Strategie am Ende lediglich bei einem Minus von 0,6 Prozent.

Abb. 63 | Jahresrenditen seit 1973

Jahr	Performance S&P 500 in %	Performance Multi-Asset „Buy and Hold" in %	Performance GTAA in %
1973	-17,37	1,01	7,34
1974	-29,72	-11,80	11,92
1975	31,55	20,18	1,46
1976	19,15	14,93	15,88
1977	-11,50	8,25	7,32
1978	1,06	13,74	11,98

Jahr	Performance S&P 500 in %	Performance Multi-Asset „Buy and Hold“ in %	Performance GTAA in %
1979	12,31	17,99	14,79
1980	25,77	19,18	11,91
1981	-9,73	-3,12	3,52
1982	14,76	20,46	21,03
1983	17,27	18,24	16,33
1984	1,40	9,32	6,52
1985	26,33	26,03	25,65
1986	14,62	25,25	21,28
1987	2,03	8,68	11,65
1988	12,44	18,49	11,76
1989	27,25	19,10	17,96
1990	-6,56	-1,08	4,92
1991	26,31	18,07	6,20
1992	4,46	3,90	4,74
1993	7,06	11,89	12,79
1994	-1,54	1,76	2,45
1995	34,11	22,75	21,74
1996	20,26	19,31	19,25
1997	31,01	9,96	9,94
1998	26,67	-0,49	7,34
1999	19,53	14,16	13,06
2000	-10,41	12,73	13,82
2001	-13,04	-9,73	3,15

Jahr	Performance S&P 500 in %	Performance Multi-Asset „Buy and Hold“ in %	Performance GTAA in %
2002	-23,37	1,99	3,28
2003	26,38	25,88	20,45
2004	8,99	17,45	15,06
2005	3,00	11,73	7,63
2006	13,62	12,04	14,21
2007	3,53	7,96	9,80
2008	-38,49	-30,01	-0,59
2009	23,45	18,74	12,77
2010	12,78	14,04	3,65
2011	0,00	2,81	2,49
2012	13,41	11,57	1,26
2013	29,60	9,73	6,33
2014	11,39	2,82	7,17
2015	-0,73	-5,85	-2,33
2016	9,54	6,75	1,57
2017	19,42	11,87	9,91
2018	-6,24	-7,60	-2,05
2019	28,88	21,16	5,49
2020	16,26	1,96	5,22
2021	26,89	23,12	21,58
2022	-19,44	-10,19	-3,79

Quelle: portfoliovisualizer.com

So vermeiden Sie Volatilität

Die Ergebnisse sind der Beweis, dass Fabers Grundannahme, dass das richtige Timing-Modell nicht nur bei Aktien funktioniert, korrekt ist. Faber selbst spricht in diesem Zusammenhang vom „Clustering der Volatilität" und hat beeindruckendes Studienmaterial zusammengetragen. Dieses legt nahe, dass „ein Asset im Durchschnitt 60 Prozent weniger Rendite einbringt und die Volatilität um 30 Prozent höher ist, sofern dieses unter seinem einfachen gleitenden 10-Monats-Durchschnitt liegt". Außer bei Aktien fällt dieser Effekt vor allem auf dem Immobilienmarkt besonders ins Gewicht. Liegt dieser Markt über der 200-Tage-Linie, erreicht er im Schnitt eine Jahresrendite von 16,4 Prozent. Liegt er darunter, steht ein durchschnittlicher Verlust von 0,4 Prozent an – und das bei einer fast doppelt so hohen Volatilität. Ich habe die Strategie deshalb von 2013 bis 2022 eigenständig weitersimuliert. Und in der Tat bestätigen sich die genannten Vorteile der GTAA-Methode auch in der jüngeren Vergangenheit. Während des Corona-Crashs im Frühjahr 2020 verlor die GTAA-Methode zum Tiefpunkt lediglich 5,6 Prozent. Ein Blick tiefer in die Zahlen zeigt dabei die Funktionsweise: Denn während die „Buy and Hold"-Methode allein zwischen März und Mai 2020 um 5,9 Prozent verlor, waren bei der GTAA-Strategie in diesem Zeitraum bereits 80 Prozent des Kapitals in Cash angelegt. Nur die zehnjährigen US-Staatsanleihen wurden noch gehalten. Die Performance in den drei Krisenmonaten? 0,96 Prozent.

Fünf ETFs für maximale Sicherheit

Und wie setzen Sie das Ganze um? Faber selbst spricht sich für die Nutzung von ETF aus. So würden die Transaktionskosten auf ein Minimum reduziert werden. Apropos, ein häufig genannter Kritikpunkt solcher Timing-Strategien sind ebenjene Transaktionen, die mit der Zeit kostspielig werden können. In diesem Fall hält sich der

Aufwand jedoch in Grenzen: Seit 2013 gab es genau 69 Umschichtungen am Ende eines Monats. Das entspricht knapp einer Umschichtung alle zwei Monate. Für die Assetklasse „Industrienationen ex USA" existiert für Anleger hierzulande kein idealer ETF. Ich habe mich deshalb für einen ETF auf den STOXX Europe 600 entschieden.

Abb. 64 | ETFs für die GTAA-Methode

Name	WKN	Fondsvolumen in Mio. €	Laufende Kosten (TER) p. a.	Gewichtung
iShares Core S&P 500	A0YEDG	49.198	0,07 %	20 %
iShares STOXX Europe 600	263530	5.827	0,20 %	20 %
iShares USD Treasury Bond 7-10yr	A0LGP4	3.718	0,07 %	20 %
Invesco US Real Estate Sector	A2ABQ2	52	0,14 %	20 %
iShares Diversified Commodity Swap	A2DK6R	1.462	0,19 %	20 %

Quelle: justetf.com (Stand: Januar 2023)

Für alle, denen das immer noch nicht reicht, ist Faber noch mindestens einen Schritt weiter gegangen. Das Ziel: das Rendite-Risiko-Verhältnis noch weiter zu optimieren als ohnehin schon. Hierzu aktualisierte der Experte einige Jahre später seine ursprüngliche wissenschaftliche Arbeit, erweiterte das Portfolio auf insgesamt 13 Assetklassen und blieb bei der gängigen Timing-Methode anhand der 200-Tage-Linie. Mit einer jährlichen Durchschnittsperformance von 12,04 Prozent generierte das erweiterte Portfolio noch mal signifikant höhere Gewinne als das kleinere Portfolio, ohne dabei deutlich höhere Schwankungen aufzuweisen.

Abb. 65 | GTAA13-Allokation

Allokation	Assetklasse (Untergruppe)	Index
5 %	US-Large-Cap-Aktien Value	French Fama
5 %	US-Large-Cap-Aktien Momentum	French Fama
5 %	US-Small-Cap-Aktien Value	French Fama
5 %	US-Small-Cap-Aktien Momentum	French Fama
10 %	Aktien aus Industrieländern ohne USA	MSCI EAFE
10 %	Schwellenländer-Aktien	MSCI EEM
5 %	10-jährige US-Staatsanleihen	GFD
5 %	10-jährige Nicht-US-Staatsanleihen	GFD
5 %	US-Unternehmensanleihen	GFD
5 %	30-jährige US-Staatsanleihen	GFD
10 %	Rohstoffe	Goldman Sachs Commodity Index
10 %	Rohstoffe	Gold
20 %	Real Estate Investment Trusts	NAREIT Index

Quelle: Mebane Faber

Faber ist jedoch ein Perfektionist. So verwundert es nicht, dass er weiter forscht und immer mehr Erweiterungsmöglichkeiten sieht. Im Fokus steht dabei vor allem die vermeintlich verlorene Zeit, in der Teile des Kapitals auf dem Tagesgeldkonto liegen und keinerlei

Rendite bringen. „Im Durchschnitt liegen beim 13er-Portfolio 30 Prozent als Cash auf der Bank. Das zieht die Gesamtperformance deutlich nach unten“, bilanziert Faber, der zugleich eine Lösung präsentiert.

Seine Idee: Wird eine 200-Tage-Linie negativ geschnitten, fließt das Geld nicht auf das Tagesgeldkonto, sondern in zehnjährige US-Staatsanleihen. Diese gelten auch als relativ schwankungs- und risikoarm, haben in der Vergangenheit im Vergleich zum Geldmarkt allerdings auch nennenswerte Renditen erzielt. In der Historie lag der Zinssatz solcher Anleihen bei durchschnittlich 4,55 Prozent. Aktuell stehen 3,48 Prozent zu Buche (Januar 2023). Im Vergleich zur klassischen Timing-Strategie hätten Anleger im Schnitt so nochmals 1,37 Prozent pro Jahr mehr Rendite erzielen können, ohne dabei ein signifikant höheres Risiko einzugehen. Der maximale Drawdown zwischen 1973 und 2012 liegt mit 11,9 Prozent deutlich unter den maximalen Verlusten, die der amerikanische Aktienmarkt (-50,95) oder das Multi-Asset-Portfolio ohne Timing (-42,66) erlitten haben.

MULTI-ASSET-TIMING MOMENTUM

Kann man Dual Momentum und Multi-Asset-Timing miteinander kombinieren? Und wie! Das steckt hinter der Kombi-Strategie.

Vorab: Diese Strategie ist eine Kombination aus der Multi-Asset-Timing-Strategie nach Faber (Strategie 15) und des Dual-Momentum-Ansatzes von Gary Antonacci (Strategie 13) – deshalb sollten Sie sich vorab diese bereits angesehen haben. Faber selber nennt sie GTAA Top 3, sie ist so etwas wie der krönende Abschluss seiner wissenschaftlichen Ergebnisse. Der Arbeitsaufwand ist minimal höher, die durchschnittliche Rendite pro Jahr liegt jedoch bei 19,1 Prozent – ohne Tricks oder Hebelprodukte, sondern nur mit der Macht des Momentums. Auch hier dienen fundierte wissenschaftliche Erkenntnisse als Grundlage. So gilt das Momentum als eine der ausgeprägten Marktanomalien in der modernen Finanzforschung. Diese besagt, dass Aktien (in dem Fall ETFs) zu Überrenditen tendieren, wenn sie in der jüngsten Vergangenheit schon besser gelaufen sind als der Markt oder vergleichbare Produkte. Auch Faber selbst hat zahlreiche Arbeiten explizit zum Thema Momentum verfasst und separate Strategien kreiert, die dauerhafte Überrenditen versprechen. Im Fall der GTAA-Methode dient das Momentum jedoch vielmehr als das letzte Puzzlestück, denn während die 200-Tage-Linie ein Asset anhand der eigenen Performance bewertet, vergleicht das Momentum unterschiedliche Assets miteinander. Dazu ermittelt Faber am Ende eines jeden Monats den Durchschnittswert der 1-, 3-, 6- und 12-Monats-Performance eines jeden ETFs und investiert das gesamte Kapital anschließend ausschließlich gleichmäßig in die drei Top-ETFs – vorausgesetzt, diese befinden sich über ihrer 200-Tage-Linie. Anderenfalls wird der Anteil wie gewohnt auf dem Festgeldkonto geparkt.

CORE SATELLITE

Mehr als eine Strategie –
sondern eine ganze Herangehensweise.
Wieso der Core-Satellite-Gedanke nahezu
jedes Depot besser macht.

16 Strategien habe ich Ihnen in diesem Buch vorgestellt. 16 verschiedene Ansätze, die so individuell sind wie Sie und Ihre Situation als Anleger. Und es hat seinen ganz bestimmten Grund, wieso ich die Core-Satellite-Strategie zuletzt erwähne. Denn genau genommen beschreibt Core Satellite eher einen holistischen Ansatz, der Ihnen dabei helfen kann, Ihr gesamtes Portfolio zu strukturieren, und Ihnen gleichzeitig eine schwierige Entscheidung abnimmt: nämlich jene, für welche Strategie Sie sich entscheiden. Mit dem Core-Satellite-Ansatz können Sie eine „Buy and Hold"-Strategie mit einer Timing-Strategie elegant kombinieren. Wie der Name es bereits vermuten lässt, müssen Sie sich vorab für einen festen Core entscheiden. Dieser „Kern" ist ein „Buy and Hold"-Portfolio Ihrer Wahl, welches als Konstante in Ihrem Portfolio auftritt. In diesem Buch habe ich Ihnen acht solcher „Buy and Hold"-Portfolios genauer vorgestellt und konkrete ETF-Ideen zur Umsetzung hinzugegeben:

- Strategie 01: Weltportfolio mit Small Caps, S. 41
- Strategie 02: Weltdepot der Aristokraten, S. 55
- Strategie 03: Jeden-Monat-Dividende-Depot, S. 65
- Strategie 04: Permanent-Portfolio, S. 71
- Strategie 05: Allwetter-Depot, S. 79
- Strategie 06: „Goldener Schmetterling"-Depot, S. 89
- Strategie 07: Norwegischer Staatsfonds, S. 99
- Strategie 08: Yale-Stiftungsfonds, S. 109

Das Gute: Jedes dieser acht „Buy and Hold"-Portfolios eignet sich theoretisch als Core. Für die Praxis möchte ich Ihnen jedoch folgenden Input mitgeben: Da es die Aufgabe des „Kerns" ist, eine Konstante im Portfolio zu sein (zu den Satelliten kommen wir gleich), empfehle ich, in diesem Fall einen Multi-Asset-Ansatz zu wählen, der möglichst einfach umzusetzen ist. Drei vorgestellte Strategien bieten sich demnach besonders dafür an: das Permanent-Portfolio nach Browne (S. 71), das Allwetter-Depot nach Dalio (S. 79) und das „Goldener Schmetterling"-Depot nach Tyler (S. 89).

Im zweiten Schritt geht es um die Auswahl und Funktionsweise der Satelliten. Diese sind – Sie ahnen es bereits – der flexible und vor allem dynamische Part des Portfolios, dessen Aufgabe darin besteht, das Renditepotenzial zu optimieren. Zwei Timing-Strategien bieten sich hierfür an:

Strategie 13: Dual Momentum (S. 151)
Strategie 15: Multi-Asset-Timing (S. 163)

Wieso? Weil beide Timing-Modelle über einen eingebauten Schutzmechanismus verfügen, der im Notfall die Verluste reduzieren kann. Beim Dual Momentum sorgt dafür der Vergleich mit dem Geldmarktzins. Beim Multi-Asset-Timing ist es die 200-Tage-Linie, die eingreift, wenn es ungemütlich wird. Über die genauen Funktionsweisen lesen Sie bitte in den jeweiligen Kapiteln. Wenn Sie sich für eine Satellite-Funktionsweise entschieden haben, ist es nun von elementarer Bedeutung, einen Punkt zu berücksichtigen: Da wir bereits im ersten Schritt einen robusten Multi-Asset-Core definiert haben, dürfen – besser gesagt, sollten – Sie bei den Satellite-Assets auf Risiko setzen. Auf Assets, die über ein signifikantes Kurspotenzial verfügen, aber dafür deutlich volatiler sind. Denn gerade bei solchen Assets zeigt sich die Stärke der Timing-Strategien.

Im dritten und letzten Schritt müssen Sie lediglich die Gewichtung der zwei Bestandteile (Core und Satelliten) definieren. Dabei gilt: Je größer der Anteil des „Kerns“, desto robuster das Portfolio. Die gute Nachricht: Ihrer Kreativität sind dadurch keine Grenzen gesetzt. Das Core-Satellite-Modell ist auf verschiedenen Ebenen flexibel nach Ihren Bedürfnissen anpassbar. Die noch bessere Nachricht: Ich habe Ihnen bereits Ergebnisse einer besonders spannenden Kombination über portfoliovisualizer.com simulieren lassen, die zeigt, wie mächtig der Core-Satellite-Ansatz sein kann.

KOMBINATION

Abb. 66 | Beispiel ETF-Depot

Core: „Goldener Schmetterling"-Depot
Satellite: Dual Momentum (Gold und Bitcoin) – Vergleich 12-Monats-Performance
Zeitraum Simulation: Januar 2015 – Dezember 2022

Core	WKN	Fondsvolumen in Mio. €	Kostenquote (TER) p. a.	Gewichtung
iShares Core S&P 500	A0YEDG	49.198	0,07 %	20 %
SPDR MSCI USA Small Cap Value Weighted	A12HU5	287	0,30 %	20 %
iShares USD Treasury Bond 1-3yr	A2DN9Z	3.554	0,07 %	20 %
iShares USD Treasury Bond 20+yr	A2JKTZ	846	0,07 %	20 %
Xetra-Gold	A0S9GB	12.664	0,36 %	20 %
Satellite				
Xetra-Gold	A0S9GB	12.664	0,36 %	
Bitcoin				

Abb. 67 | Rendite-Risiko-Kennzahlen bei verschiedenen Core-Satellite-Verhältnissen

Aufteilung (Core/ Satellite) in %	Ø Wertentwicklung p. a. in %	Ø Volatilität p. a. in %	Beste Jahresperformance in %	Schlechteste Jahresperformance in %	Maximaler Drawdown in %	Sharpe Ratio	Sortino Ratio
100/0	4,81	7,92	17,90	-12,54	-17,24	0,51	0,79
90/10	19,03	17,77	137,06	-12,33	-19,07	1,01	2,98
80/20	28,79	26,81	263,10	-17,03	-21,81	1,03	3,34
70/30	36,39	34,14	389,14	-23,61	-24,10	1,04	3,25
60/40	42,56	40,47	515,18	-30,20	-32,23	1,04	3,08
50/50	47,63	46,20	614,22	-36,78	-40,84	1,03	2,91
40/60	51,75	51,55	767,26	-43,36	-48,97	1,02	2,75
30/70	54,99	56,67	893,30	-49,94	-56,63	1,01	2,60
20/80	57,35	61,67	1.019,34	-56,52	-63,81	1,00	2,45
10/90	58,79	66,66	1.145,38	-63,10	-70,54	0,98	2,31
0/100	59,17	71,75	1.271,42	-69,68	-76,81	0,96	2,18

Quelle: portfoliovisualizer.com

Worte zum
Schluss

Viele Wege führen nach Rom – und zu Ihren finanziellen Zielen. Wichtig ist, dass Sie sich auf diesem Weg wohlfühlen. Ich glaube nicht an den einen Weg, der für alle Anleger auf diesem Planeten der beste ist. Wie eingangs erwähnt, sollten wir in den teils sogar hitzigen Debatten über die „richtige" Anlagestrategie niemals vergessen, dass hinter jedem Depot eines Privatanlegers auch ein Mensch steckt. Risikobereitschaft, finanzielle Mittel, Anlagehorizont, Zeit – es gibt unzählige Faktoren, die neben der messbaren Rendite berücksichtigt werden müssen, um zu beurteilen, ob eine Strategie sinnvoll ist oder nicht.

Dieses Buch soll dabei der Reiseführer Ihres persönlichen Wegs sein – und kein striktes Regelwerk. Einige der genannten Strategien waren ursprünglich nicht mal für ETFs vorgesehen. Die ETF-Portfolios, die ich Ihnen bei jeder Strategie aufliste, sind deshalb vielmehr ein Vorschlag statt ein Befehl. Bevor Sie sich für eine der 17 oder eine andere Strategie entscheiden, sollten Sie sich deshalb vorab immer folgende Fragen stellen:

WIE LANGE IST MEIN ANLAGEHORIZONT?

Der Anlagehorizont ist nämlich einer der entscheidenden Faktoren, wie viel Risiko Sie sich theoretisch erlauben können (nicht müssen!). Dabei gilt: Je länger er ist, desto mehr Risiko können Sie eingehen.

BRAUCHE ICH DAS GELD AUF KEINEN FALL?

Einen Anlagehorizont zu definieren ist gut – diesen einzuhalten ist jedoch in der Praxis gar nicht so leicht. Ein Kind, ein Haus, eine kaputte Waschmaschine – es gibt unzählige Szenarien, die dafür sorgen können, dass der eigentliche Plan abgebrochen oder pausiert werden muss. Halten Sie ein solches Szenario für durchaus realistisch – auch weil Sie durch eine hohe Sparquote wenig Liquidität haben –, sollten Sie Ihr Risikolevel vielleicht ebenfalls ein wenig nach unten schrauben. Denn was ist, wenn Sie das Kapital genau dann brauchen, wenn der Aktienmarkt crasht?

MÖCHTE ICH MICH DAUERHAFT MIT MEINEM GELD BESCHÄFTIGEN?

Liebhaber gibt es in jeder Disziplin – auch beim Aktienhandel. Für diejenigen, die sich gern und intensiv mit ihren Finanzen beschäftigen, sind die genannten Timing-Strategien demnach problemlos umsetzbar. Für jemanden, der sich in seiner Freizeit allerdings lieber mit anderen Themen beschäftigt, kann eine Timing-Methode schnell lästig werden. Die Gefahr: Man lässt es schleifen, was in diesem Fall bedeutet, dass es richtig teuer werden kann.

Schließlich ist eine Strategie nur dann gut, wenn sie durchgezogen wird. Ich hoffe, dieses Buch kann Ihnen dabei helfen. Ein besonderer Dank geht an Frank Pöpsel, der mir als Erster die Chance gab, meine Artikel als junger Wirtschaftsjournalist zu veröffentlichen, und mich stets darin bestärkt hat, diesen Weg weiterzugehen. Ebenfalls möchte ich Gerd Kommer danken, der mit seiner Pionierarbeit in Deutschland zum Thema ETF die Grundlage für eine ganze Anlegergeneration in diesem Land gelegt hat. Auch in diesem Buch sind viele seiner Ansätze aufgegriffen. Und zu guter Letzt darf mein Freund und Geschäftspartner Mario Lochner natürlich auch nicht fehlen. Es ist mir eine große Freude, gemeinsam mit dir Dinge zu gestalten und die finanzielle Bildung in Deutschland nach vorn zu bringen. Deine grandiosen Bücher und jetzt mein erstes Buch sind nur ein Kapitel – weitere werden folgen.

ENDNOTEN

EINLEITUNG

1 https://www.dai.de/fileadmin/dokumente/studien/2016-12-06%20Studie%20Aktienorientierte%20Altersvorsorge%20DAI%20Deka%20Metzler%20UI.pdf S. 21

2 Online-Artikel: Immer weniger Aktien-Trades: Steht das Geschäftsmodell der Neobroker vor dem Aus? (2022) in paymentandbanking.com

3 Online-Artikel: Women and vices: How Mike Tyson squandered the 500m dollars he earned (2022) in marca.com

4 William F. Sharpe: Mutual Fund Performance (1966) in *The Journal of Business*

5 Online-Artikel: The First ETF Launched 30 Years Ago, Revolutionizing Investing (2023) in wsj.com

6 Factsheet: MSCI ACWI IMI Index (2022)

7 Online-Artikel: ACWI IMI's Complete Geographic Breakdown (2021) in msci.com

8 Stephen H. Haber et al.: 2022 Survey of Investors, Retirement Savings, and ESG (2022) in CGRI Survey Series Corporate Governance Research Initiative, Stanford Rock Center for Corporate Governance

9 Online-Artikel: ESG Investing Is Wildly Popular But Little Known: Poll (2020) in investors.com

10 Online-Artikel: Investors increase ESG support despite headwinds: ESG CIO survey 2022 (2022) in db.com

11 Website: https://www.msci.com/constituents (2022)

12 EIU: Democracy Index 2021: the China challenge (2022)

13 Factsheet: MSCI World ESG Screened Index (2022)

14 Online-Artikel: The ESG Mirage (2021) in www.bloomberg.com

15 Online-Artikel: REVEALED: The beloved McDonald's items that are the worst for the environment (2021) in mirror.co.uk

16 Online-Artikel: Tyson Foods Dumps More Pollution Into Waterways Each Year Than ExxonMobil (2017) in sustainablebrands.com

17 Online-Artikel: Tyson Kills the Mulberry Fork (2021) in environmentand-society.org

18 Brook Dane & Sung Cho: DISRUPTIVE TECHNOLOGY: MORE RELEVANT THAN EVER (2022) in GSAM Insights

19 Factsheet: MSCI World Index (2022)

20 Online-Artikel: DJIA 101: How Does the Dow Jones Work? (2021) in .investopedia.com

21 Morningstar: Active vs. Passive Investing Report (2022)

22 https://www.hartfordfunds.com/practice-management/client-conversations/managing-volatility/timing-the-market-is-impossible.html

23 https://www.hartfordfunds.com/practice-management/client-conversations/managing-volatility/timing-the-market-is-impossible.html

24 Online-Artikel: Most successful chimpanzee on Wall Street in guinnessworldrecords.com

25 Online-Artikel: Investments: Orlando is the cat‘s whiskers of stock picking (2013) in theguardian.com

26 https://www.intalcon.com/magazin/sharpe-vs-sortino-welche-kennzahl-ist-die-bessere-wahl

STRATEGIE 01

1 Factsheet: MSCI World Index (2022)

2 Online-Artikel: Visualizing the $94 Trillion World Economy in One Chart (2021) in visualcapitalist.com

3 Online-Artikel: China GDP to surpass US around 2035, years later than previously expected, Goldman Sachs predicts (2022) in scmp.com

4 Online-Artikel: South Korea excluded from MSCI World Index again (2021) in koreaherald.com

5 Factsheet: MSCI ACWI IMI Index (2022)

6 Website: https://www.worldeconomics.com/Regions/Emerging-Markets (2023)

7 https://www.longtermtrends.net/emerging-vs-developed-markets/

8 https://www.longtermtrends.net/emerging-vs-developed-markets/

9 https://gerd-kommer.de/factor-investing-die-basics/

10 Eugene F. Fama & Kenneth R. French: Volatility Lessons (2018)

STRATEGIE 02

1 Berkshire Hathaway: SCHEDULE 14A INFORMATION (2020)

2 Bureau Of Labor Statistics: Usual Weekly Earnings Of Wage And Salary Workers Fourth Quarter 2022 (2023)

3 Berkshire Hathaway: SCHEDULE 13D/A (2022)

4 Website: https://investors.coca-colacompany.com/stock-information/dividends

5 https://www.janushenderson.com/en-gb/investor/article/the-importance-of-dividends-to-total-returns/

6 Hartford Funds: The Power of Dividends: Past, Present, and Future (2022)

7 Cheng, Srivastava, Wang: A Case for Dividend Growth Strategies (2022)

8 https://www.spglobal.com/spdji/en/documents/premium/research/research-a-case-for-dividend-growth-strategies.pdf

STRATEGIE 03

1 Factsheet: Shares STOXX Global Select Dividend 100 UCITS ETF (2022)

2 Factsheet: iShares STOXX Global Select Dividend 100 UCITS ETF (2022)

STRATEGIE 05

1 Online-Artikel: Ranked: The World's 20 Biggest Hedge Funds (2022) in visualcapitalist.com

2 https://www.finanzen100.de/finanznachrichten/boerse/boersenguru-lueftet-sein-geheimnis-wie-sie-stets-hohe-renditen-erzielen_H1453102547_10754914/

3 http://www.lazyportfolioetf.com/etf/vanguard-total-stock-market-vti/

4 Online-Artikel: Building a Beta Portfolio in an Environment That Looks Difficult for Assets (2022) in casaceri.it

STRATEGIE 06

1 Eugene F. Fama & Kenneth R. French: Volatility Lessons (2018)

STRATEGIE 07

1 John F. Helliwell et al.: World Happiness Report (2023)

2 Website: www.nbim.no

3 https://www.nbim.no/en/the-fund/returns/

STRATEGIE 08

1 Online-Artikel: 24 of the most successful Yale alumni of all time (2020) in businessinsider.com

2 Online-Artikel: Top 10 Universities with the most Nobel Prize Winners (2020) in ceoworld.biz

3 Online-Artikel: Where Did Presidents Go to College? (2022) in collegeraptor.com

4 Online-Artikel: Yale College admits 2,234 from record applicant pool (2022) in news.yale.edu

5 Online-Artikel: 80 Majors, 2,000 Courses, 1 Unique Path in admissions.yale.edu

6 Website: investments.yale.edu

7 Yale University: 2021 Endowment Update (2022)

8 Online-Artikel: Yale endowment return outperforms Ivy League (2022) in yaledailynews.com

STRATEGIE 11

1 Technische Analyse von Aktientrends, Börsenbuchverlag (2022)

STRATEGIE 12

1 Harry Markowitz: PORTFOLIO SELECTION (1952)